시대를 저격하라

BARN SOM FÖRÄNDRAT VÄRLDEN

Text by Jenny Strömstedt, Illustrations by Beata Boucht

Copyright ⓒ Bokförlaget Max Ström, 2020

First published by Bokförlaget Max Ström, Stockholm, Sweden.
Korean Translation Copyright ⓒ Prunsoop Publishing Co., Ltd., 2022
All rights reserved.
The Korean language edition is published by arrangement with Bonnier Rights, Stockholm through
Momo Agency, Seoul.

이 책의 한국어판 저작권은 모모 에이전시를 통해 Bonnier Rights, Stockholm과 독점 계약한
(주)도서출판 푸른숲에 있습니다.
저작권법에 의해 한국 내에서 보호를 받는 저작물이므로 무단 전재와 부단 복제를 금합니다.

세상의 한계에 당당히 맞선 16명의 십 대들

시대를 저격하라

Barn som förändrat världen

옌니 스트림스테트 지음 | **베아타 부크트** 그림

이유진 옮김

푸른숲주니어

내일을 여는 그대, 십 대에게

여러분은 할 수 있습니다.

십 대에게는 권리가 있습니다. 용기가 있습니다.

여러분은 세상을 바꿀 수 있습니다.

1989년에 국제 연합^{UN}은 '어린이 권리 협약'을 마련했어요. 스웨덴과 한국 등 전 세계 192개 나라 대표들이 함께 만든 이 인권 조약은 어린이와 청소년이 누려야 할 권리에 대해 밝히고 있습니다. 어린이와 청소년은 자기 삶에 영향을 미치는 문제에 관여하고 결정할 권리가 있으며, 이를 통해 표현의 자유를 누려야 한다는 것이지요. 말하자면 여러분에게는 자기 의견을 당당하게 말할 권리가 있으며, 어른들은 그 말에 귀를 기울여야 한다는 뜻입니다.

이 책에서 여러분은 인류의 역사에 깊은 인상을 남긴 십 대 청소년 열여섯 사람을 만나게 될 것입니다. 그 가운데 몇몇은 수백 년 전 사람이에요. 자기 삶의 흔적이 지금까지 전해지리라고는 상상도 하지 못했을 테지요. 사백 년 전, 그러니까 17세기에 학교에 가고 싶어서 남상을 하러 했던 '후이나'는 자신의 이야기를 21세기에 사는 우리가 읽게 될 줄 꿈에도 예상하지 못했을 겁니다.

아, 이 책에 옛날 사람들만 나오냐고요? 그렇지 않아요. 지금 현재 전 세계인의 주목을 끄는 십 대들도 등장합니다. 지구의 기후 변화에 관심을 갖고 세계적으로 결석 시위를 이끌어 낸 그레타, 여자아이들의 교육받을 권리를 위해 싸우며 여성 교육 운동에 앞장서 온 말랄라 이야기도 있답니다.

시대와 나라에 상관없이, 이 청소년들에게는 한 가지 공통점이 있어요. "꿈같은 소리!", "그건 불가능해!"라고 기성세대가 아무리 단정 지어 말해도, 이들은 자신이 발견한 문제에 강인한 의지를 갖고 도전하거든요. 누구든 노력하면 더 나은 삶을 열어 갈 수 있으리라는 강력한 믿음이 있기에 가능한 일일 테지요.

노숙인을 위한 자선 사업 단체의 대표가 된 '리엄'은 이런 말을 합니다.

"누구나 영웅이 될 수 있어요. 다만 영웅이 되는 방법은 가지각색이에요."

이 말은 누구든 바른 생각과 의지를 가진다면 영웅이 될 수 있다는 뜻입니다. 여러분의 생각, 여러분의 행동, 여러분의 목소리가 세상을 바꿀 수 있어요. 더 나은 삶을 꿈꾼다면요!

—옌니 스트룀스테트

차례

후아나 이네스 데 라 크루스

1648~1695년 · 멕시코

나는 책을 정말로 좋아해. 책은 다른 세계로 활짝 열린 문이잖아. 때로는 별에 대해, 때로는 시에 대해, 때로는 수학에 대해 들려주지. 내 바람은 오직 하나야. 책을 읽고 쓰는 것! 그런데 이상해. 사람들은 여자아이가 책을 읽는 걸 싫어하거든? 하지만 난 포기하지 않을 거야.

대서양을 건너 신대륙에 정착하다

후아나는 사백여 년 전, 지금의 남아메리카 대륙 멕시코 땅에서 태어났다. 그때는 멕시코 땅이 에스파냐(스페인) 식민지였다.

에스파냐인들은 15세기 말에 이탈리아 탐험가 콜럼버스의 배를 타고 대서양을 건너 아메리카 대륙으로 갔다. 에스파냐는 아메리카 선주민의 땅을 빼앗아 '누에바에스파냐', 즉 '새로운 에스파냐'라고 불렀다. 누에바에스파냐는 미국 남부에서 남아메리카, 중앙아메리카, 서인도 제도까지 아주 광대했다.

이 거대한 식민지를 다스리자니 에스파냐 국왕은 여간 골치가 아프지 않았다. 누에바에스파냐에 부왕(총독)을 보내 식민지를 경영하게 했다. 그 후 누에바에스파냐에는 유럽의 종교와 문명이 뿌리를 내렸고, 대표적으로 가톨릭 문화가 자리를 잡았다.

후아나의 부모님은 둘 다 에스파냐계 백인이었다. 아버지는 에스파냐 출신의 장교였는데, 임기가 끝나자마자 연인과 자식을 남겨두고 혼자 본국으로 돌아갔다. 어머니는 식민지에 터를 잡은 에스파냐계 농장주의 딸이었다.

사람들은 결혼도 안 한 여자가 아이를 낳았다고 손가락질을 해 댔다. 후아나의 어머니는 자기 소신이 분명한 여성으로, 다른 사람들이 뭐라고 하건 아이들을 훌륭히 키워 내기로 마음먹었다.

후아나의 할아버지 농장에는 작은 예배당과 도서관이 있었다. 딱히 특별한 일이 없다면 후아나에게는 지주의 후손이 누릴 수 있는 풍요로운 삶이 보장되어 있는 것처럼 보였다.

오직 배우고 싶다는 열망뿐

후아나의 언니, 오빠들이 막 글자를 배우기 시작할 때였다. 이제 겨우 세 살이 된 후아나가 떼를 썼다.

"나도 공부할래요."

가정 교사가 놀란 눈으로 바라보자 후아나는 당찬 목소리로 이렇게 덧붙였다.

"엄마가 그러라고 하셨어요!"

물론 거짓말이었다.

놀랍게도 후아나는 네 살도 되기 전에 글을 깨우쳤다. 언니, 오빠들보다 책을 읽는 속도도 빨랐다. 다섯 살 때는 셈을 하고, 여덟 살 때는 생애 첫 작품인 시를 썼다. 시는 성체 성사(가톨릭교회에서 예수 최후의 만찬을 기리는 의식)에 관한 내용이었다. 열세 살 때는 아이들에게 라틴어를 가르칠 수 있는 수준에 이르렀다.

또래에 비해 공부에 대한 욕심이 엄청나게 커서였을까? 후아나에게 언제인가부터 비밀스런 취미가 생겼다. 마을 예배당에 딸린 도서관으로 놀러 가는 것이었다. 하지만 남들의 눈을 피해 몰래 가야 했다. 여자는 예배당의 도서관에 가는 것이 금지되어 있었기 때문이다. 사실은 학교에도 다닐 수 없었다.

또래 남자아이들은 후아나만큼 똑똑한 것도 아니고, 공부에 흥미가 있는 것이 아닌데도 버젓이 학교에 다녔다. 그러다 학문에 전념할 뜻이 있으면 고향을 떠나 다른 지역의 대학에 진학했다. 하지만 여자아

이들은 그럴 수 없었다. 결혼과 출산, 가사를 삶의 가장 중요한 숙제로 여겨야 했다.

후아나는 그렇게 살고 싶지 않았다. 그래서 가슴이 시키는 대로 공부에 더욱더 파고들었다.

"제 유일한 스승은 말 못 하는 책이고, 유일한 벗은 느낄 줄 모르는 잉크 병이지요."

후아나는 책을 통해 어렵고 낯선 지식의 세계를 고독하게 헤쳐 나갔다. 그리스 철학, 나우아틀어(고대 인디오 아스테카인의 언어)……. 공부를 하다 지칠 때면 스스로에게 오히려 엄격한 교사가 되었다. 예컨대 한 주에 책을 어디까지 읽기로 정한 뒤, 이를 어기면 검고 긴 머리칼을 싹둑 잘라 냈다. "황무지처럼 무지한 머리통에는 머리털을 씌울 필요가 없다."고 하면서.

열여섯 살에 후아나의 삶은 크게 바뀌었다. 할아버지가 세상을 떠나고 어머니가 농장을 이어받은 직후였다. 어머니는 새로운 짝을 찾아 결혼했고, 가족들은 보다 윤택하고 안정적인 삶을 기대했다. 그런데 어머니의 마음 한구석에는 풀기 어려운 걱정거리가 들어앉아 있었다.

'오직 공부만 하고 싶다는 후아나, 저 아이에겐 지금의 삶이 얼마나 갑갑할까?'

아니나 다를까, 하루는 후아나가 어머니에게 진지한 표정으로 고민을 털어놓았다.

"어머니, 도시로 가고 싶어요. 혹시 남학생 차림을 하면 도시에 있는

불길에서 살아남은 페미니스트 선언문 • 후아나 이네스 데 라 크루스   12

대학에 들어갈 수 있을까요?"

어머니는 남장을 하고 살겠다는 딸의 결심을 차마 받아들일 수가 없었다. 대신, 수도에서 부유하게 살고 있는 여동생에게 보내기로 했다. 그래서 후아나는 도시에 있는 친척집으로 가서 얹혀살게 되었다.

화젯거리에 목말라 있던 사교계에 후아나에 관한 소문은 날개 돋친 듯 퍼져 나갔다. 예쁘장해 봤자 시골뜨기 아니냐며 얕봤더니, 웬만한 어른들 뺨칠 만큼 학식이 높더라는 소문이 자자했다.

너나없이 호기심에 들떠 후아나를 만나고 싶어 했다. 후아나가 마음만 먹는다면 사교계의 샛별이 될 수도 있는 기회였다. 그러나 후아나는 독서와 글쓰기 말고는 세상일에 별 관심이 없었다.

후아나의 이모는 대책 없는 이 책벌레 조카에게서 비범함을 보았다. 그래서 누에바에스파냐의 부왕 부부 앞에 데려갔다.

여성으로서 누릴 수 있는 최고의 명예, 궁정 시녀

때마침 부왕비 레오노르는 시녀를 찾고 있었다. 그 당시 왕족의 시녀는 귀족 가문의 부인이나 딸 중에서 채택했다. 시녀가 된다는 건 그때로선 교양 있는 여성이 누릴 수 있는 최고의 명예였다. 왕족 바로 곁에서 수행하는 비서이자 조언자였기 때문이었다.

'최고 권력자의 아내를 보필하는 일이라…….'

그 자리는 온갖 인맥과 맞닿아 있을뿐더러 흥미로운 정보가 쉴 새 없이 흘러넘칠 터였다. 후아나는 화려한 관습과 의례로 가득한 왕실 생활이 갑갑할 것 같았지만 일단 변신을 꾀해 보기로 마음먹었다. 그 누가 알겠는가? 어떻게든 권력자의 호감을 사게 된다면 후아나가 꿈 꾸는 자유로운 세상에 한 발짝 더 다가설 수 있을지……?

어느 날 부왕이 후아나의 학식을 시험해 보겠다고 통지했다. 촌구석 에서 독학한 여자아이가 행여나 겉만 번지르르한 허풍선이는 아닐지 의심스러웠던 것이다. 부왕은 철학, 수학, 문학, 라틴어, 신학, 지리학 등 각 분야에 정통한 남성 마흔 명을 궁전으로 불러들였다.

후아나는 바짝 긴장이 되었다. 학교에 다니지 않았기에 시험을 치러 본 경험이 없었다. 당연히 누군가와 토론을 해 보지도 않았다. 오직 책 에서 읽고, 삶에서 관찰하고, 머릿속에서 톺아 낸 생각으로 승부해야 했다.

이윽고 해당 분야에서 전문가라 자처하는 남성들의 질문 공세가 시 작되었다. 놀랍게도 후아나는 거침없이 답을 했다. 주어진 주제에 대 해 치밀하게 추론한 뒤 담대하게 반론을 제기했다.

그 모습을 보고 부왕이 놀라서 말했다.

"후아나는 왕의 함선들에 맞서 스스로를 지키듯, 손쉽게 문제들을 헤치고 나아갔다."

이 일로 후아나는 온 나라에 이름을 떨쳤다. 그 후로 시작된 궁정에서의 삶은 후아나에게 자유로운 창작의 기회를 열어 주었다. 시와 희곡을 써서 발표하고 작곡에도 도전했다. 이로써 그 당시 젊은 여성으로서는 드물게 궁정 시인으로 임명되었다.

후아나의 명성은 곧 대서양을 건너갔다. 심지어 에스파냐에서도 후아나의 연애시가 화제가 되었다. 그중 많은 작품이 부왕비 레오노르를 향한 것이었다. 부왕비 역시 후아나의 시를 열렬히 애송하면서 창작에 대한 열의를 북돋워 주었다고 한다.

후아나는 궁정을 드나드는 숱한 남성들의 구애를 전부 마다했다. 결혼을 할 경우에 감당해야 할 출산과 가사가 여전히 관심 밖이었다. 그렇다고 궁정 생활을 언제까지나 계속할 수도 없었다. 후아나의 바람은 더 읽고, 더 쓰는 것뿐이었다.

후아나 수녀, 주교에게 당당히 맞서다

스물한 살 때 후아나는 수녀가 되었다. 아무리 생각해도 독립적으로 생활하면서 더 방대한 지식을 탐구할 방법은 그것뿐이었다.

성 히에로니무스회 수녀원에서 사천여 권의 책과 지도, 지구본, 악기, 천체 망원경으로 가득 찬 '자기만의 방'을 갖게 되었다. 자유롭게 책을 읽고, 시와 희곡을 쓰며, 음악과 철학, 과학을 탐구했다. 그뿐 아니었다. 아름다운 옷에 장신구를 착용했다. 하인들의 도움 덕분에 가사에 시달리지도 않았다.

에스파냐에서는 후아나를 '열 번째 뮤즈'라고 불렀다. 뮤즈는 본래 그리스 로마 신화에서 학문과 예술의 아홉 여신을 뜻한다. 그만큼 걸출한 지식인으로 손꼽혔다는 뜻이리라.

후아나의 명성은 많은 사상가와 예술가의 발길을 수도원으로 이끌었다. 부왕 부부의 변함없는 지지와 후원도 든든하게 뒤를 받쳐 주었다. 후아나가 쓴 시와 희곡은 여전히 궁정 행사에 쓰였다.

문학사에 길이 남을 만한 시도 썼다. 〈첫 번째 꿈〉이라는 시에서는 '앎'을 통한 자기 구원이라는 주제를 다루었다. 〈어리석은 남자들〉에서는 여성들이 가볍게 행동하기를 기대하면서, 동시에 그런 모습을 조롱하는 남성들의 속마음을 꼬집었다.

후아나는 세상 사람들이 남성과 여성의 성적 차이에 대해 편견을 가지는 것을 경계했다. 종교나 사회가 강요하는 '남성성' 또는 '여성성'은 환상일 뿐 거기에 순응할 필요가 없다고 생각했다.

가톨릭교회에서는 후아나의 이런 행보를 썩 반기지 않았다. 특히 평수녀 신분으로 당대 최고로 꼽히는 신학자 강론에 이의를 제기했을 때는 필로테아 수녀로부터 따끔한 경고를 받았다.

그런데 필로테아 수녀는 실제로는 존재하지 않는 인물이었다. 평소에 후아나를 못마땅하게 여기던 주교가 필로테아라는 가상의 수녀를 내세워 그의 지식을 칭송하는 듯하면서도 교묘하게 깎아내렸다.

"신께 가는 길에 빛을 밝히는 것이 아닌 학문은 어리석기 짝이 없습니다. 후아나 수녀는 뛰어난 지성으로 천상의 뜻을 좇지 않고 지상의 천박한 지식을 추구하니 참으로 유감스럽습니다!"

주교는 후아나에게 세속적인 지식을 멀리하고 가톨릭 교리에 순응할 것을 훈계했다. 후아나는 그에 대한 답변을 글로 적어 주교에게 보냈다. 바로 오늘날까지 전해지는 〈필로테아 수녀님에게 드리는 답장〉이다.

이 편지에서 후아나는 지식을 향한 자신의 열망은 천성적인 것이라고 해명한다. 참고 또 참아도 정신을 차려 보면 어느새 새로운 지식에 빠져 있으니, 어쩔 수 없이 공부를 해야 하는 운명이라는 것이다. 그런데 그것이 죄인지 아닌지 헷갈린다고 하면서 잘못을 뉘우치는 듯한 내용을 담고 있다.

언뜻 보기에는 반성문 같지만 잘 들여다보면 그렇지가 않다. 여성 역시 자연스럽게 배움을 갈망할 수 있으며, 남성과 똑같이 배울 권리를 지녔다는 걸 내세우고 있었다. 여성이 그동안 지식에서 소외되고 배제된 것은 교회 질서와 같이 가부장적인 사회와 문화에서 비롯된 거라고 나직이 항변했던 것이다.

"제가 요리를 하면서 발견한 자연의 비밀에 대해 어떻게 말씀드리면 좋을까요? [……] 만약 아리스토텔레스가 요리를 했다면 더욱더 좋은 글을 썼을 거예요."

그러면서 편지 말미에 앞으로 교회의 승인을 받지 않은 글은 쓰지 않겠다는 서약을 했다.

그러다 이 년 후, 후아나가 쓴 책이 출간되자 종교 재판이 열렸다. 듬직한 후원자였던 부왕 부부는 임기를 마치고 에스파냐로 돌아간 뒤였다. 후아나는 선택의 기로에 놓였다. 수녀원을 떠나든지, 책을 포기하든지 둘 중 하나를 선택을 해야 했다.

후아나는 잉크 대신 피로 "나는 세상에서 가장 형편없는 여자"라는 혈서를 남기고, 그토록 사랑하는 책들을 전부 도서관에 기부해 버렸다. 그 뒤로 성경 말고는 그 어떤 책도 읽지 않았다. 그리고 남은 시간을 어려움에 빠진 사람들을 돕는 일에 모두 바쳤다.

1695년에 후아나가 사는 수녀원에 흑사병이 퍼졌다. 동료 수녀를 돌보던 후아나는 흑사병에 전염되고 말았다. 평생토록 학문에 대한 열망으로 가슴을 불태웠던 후아나는 그렇게 삶을 마감했다.

후아나가 세상을 떠난 뒤, 가톨릭교회는 그가 쓴 글을 남김없이 불태웠다. 후아나의 존재를 역사에서 지워 버리려는 시도였다. 그러나 교회도, 후아나도 미처 예측하지 못한 사실이 있었다. 불태운 원본 외에 사본이 남아 있었던 것!

"천국은 하나의 명령에 의해 다디를 수 있는 곳이 아니라 수많은 열쇠들로 가닿을 수 있어요. 그곳에는 다양한 천재들이 세운 대저택이 무한하게 널려 있거든요."

천국의 지식이 아닌 지식의 천국을 추구했던 후아나의 글들은 그렇게 기적처럼 살아남았다. 여성에게도 교육받을 자격이 있다는 굳센 주장이 담긴 후아나의 편지는 오늘날 라틴 아메리카 최초의 페미니스트 선언문으로 기억되고 있다.

루이 브라유

1809~1852년 · 프랑스

나는 앞을 볼 수 없는 시각 장애인이다. 어려운 질문이 있다. 앞을 보려면 어떻게 해야 할까? 글로 적힌 것을 어떻게 읽어야 할까? 역사에 대해선? 예술에 대해선? 의학에 대해선? 정치에 대해선? 여성과 남성에 대해선? 나 스스로에 대해선?

■ 왕립 시각 장애 청소년 학교에 다니던 시절의 일기

19세기에 장애를 지니고 산다는 것

우리 삶의 모순은 가장 나쁜 일이 없다면 가장 좋은 일도 없다는 데 있다. 무슨 뚱딴지같은 소리냐고? 루이 브라유의 삶을 들여다본다면 이 말에 절로 고개가 끄덕여질 것이다.

루이 브라유는 1809년에 프랑스 파리에서 조금 떨어진 시골 마을에서 태어났다. 과중한 세금에 등골이 휜 민중들이 들고일어나 왕을 쫓아내고 혁명 정부를 세운 지가 벌써 스무 해 전이었다. 이름하여 프랑스 혁명! 그러나 혁명 정부는 실패로 돌아갔고, 새로운 지도자 나폴레옹이 스스로 황제의 자리에 올랐다.

밑바닥 민중의 삶은 여전히 팍팍했다. 부유한 사람들은 가난한 사람들을 착취했고, 많은 남성이 나폴레옹 황제의 군사가 되어 전쟁터로 끌려갔다. 세금을 내지 않는 여성과 어린아이는 시민으로서 떳떳이 인정받지 못했다. 거기다 장애를 지닌 이들에게는 한층 더 지난한 삶이 기다리고 있었다.

> 사람은 태어나면서부터 자유로우며, 누구나 평등한 권리를 지닌다. 이 권리는 사회 속에서도 유지된다. 사회적 차별은 오직 공공의 이익에 따를 때만 유효하다.
>
> ■ 1789년 프랑스 혁명 〈인권 선언〉 제1조

프랑스 국민 의회가 선포한 이 〈인권 선언〉은 세계 최초로 인권의 가치를 선포해 훗날 근대 민주주의의 초석이 되었다고 평가받는다. 그러나 모두를 위한 인권으로 가는 길은 아직 멀게만 보였다. 비장애인들은 걸을 수 없거나, 들을 수 없거나, 앞을 볼 수 없는 장애인을 가치가 떨어지는 부류로 폄훼했다. 남들만큼 이해가 빠르지 못한 지적 장애인은 아예 바보로 여겼다.

하루아침에 시각 장애인이 되다

루이의 아버지는 마구를 만드는 솜씨가 매우 뛰어난 가죽 장인이었다. 어느 날 세 살 난 루이가 아버지의 작업장에 혼자 들어갔다가, 날카로운 연장 파편이 한쪽 눈으로 파고드는 상처를 입고 말았다. 의사가 미처 손을 쓰기도 전에 반대편 눈까지 염증이 생겼다. 이 사고로 루이는 다섯 살 때 시력을 완전히 잃어버렸다.

루이의 부모님은 앞이 보이지 않는 아들에게 어떻게든 배울 기회를 마련해 주고 싶었다. 그러나 마을 학교 교사는 그럴 필요가 있겠느냐고 되물었다. 장애를 지닌 사람들은 흔히 구걸을 해서 먹고살지 않느냐며…….

그러나 루이의 아버지는 포기하지 않았다. 나무 블록에다 알파벳 모양으로 못을 박아 주었다. 루이는 블록을 매만지며 손끝으로 글자를 익혔다. 낱말을 다 익힌 후에는 알파벳 순서대로 나무 블록을 부엌 바닥에 늘어놓았다.

이 소식을 들은 마을 성당의 신부가 팔을 걷어붙였다. 신부의 오랜 설득 끝에 마을 학교 교사도 마음을 고쳐먹었다. 루이를 학생으로 받아들이기로 한 것이다.

그러나 아직 이 세상 어디에도 시각 장애인용 교과서는 없었다. 교사는 수업 시간에 따로 시간을 들여 교과서를 낭독해 주었다. 놀랍게도 루이는 청력과 기억력이 남들보다 한층 뛰어났다. 스스로 책을 읽지 못하는데도 머잖아 반에서 성적이 가장 우수한 학생이 되었다.

암흑에 갇힌 학교

루이의 부모님은 아들의 명석한 두뇌를 이대로 썩히고 싶지 않았다. 파리에 있는 왕립 시각 장애 청소년 학교에 입학할 수 있는지 알아보니, 루이 같은 학생을 기다리고 있다는 반가운 답변이 돌아왔다. 게다가 루이에게는 수업료를 받지 않겠다고까지 했다.

기회만 있다면 누구나 파리로 가고 싶어 하던 시절이었다. 파리는 프랑스의 수도일 뿐 아니라, 유럽 전역에서 가장 중요한 교류 장소였다. 권력가들이 모여드는 데다 사상가들이 무시로 어울리며 새로운 생각을 나누는 장소였다. "파리가 코를 훌쩍이면 온 유럽이 감기에 걸린다."는 속담이 있을 정도였다.

루이는 열한 살 되던 해, 사랑하는 가족을 떠나 왕립 시각 청소년 학교에 입학했다. 남학생 예순 명과 여학생 서른 명이 루이의 새 가족이었다. 학교는 센강 근처에 있었는데, 프랑스 혁명기에 감옥으로 쓰이던 시설이었다.

실내는 춥고 습한 데다 조명이 거의 없어서 늘 어둠에 잠겨 있었다. 많은 시각 장애인이 빛과 어둠을 구별할 수 있는데도 그런 식으로 운영했다. 학교에서 주는 음식은 맛은 둘째치고 영양가가 아주 형편없었다. 학생들은 한 달에 한 번만 목욕을 할 수 있었다. 몸에서는 고약한 냄새가 진동했고, 차례로 돌아가며 질병에 시달렸다.

교장은 저명한 안과 의사였다. 그러나 학생들에게는 그저 악독한 관리인일 뿐이었다. 한때 죄수들에게 사용하던 쇠사슬이 교실과 정원에서 학생들에게 벌을 내릴 때 쓰이곤 했다. 여학생 한 명은 너무 심하게 매질을 당한 나머지, 여러 달 동안 앓고 나서야 다시 학교로 돌아왔다. 몇 해나 지난 뒤, 이런 흉흉한 사실이 뒤늦게 세간에 알려졌다. 마침내 교장이 학교를 떠나면서 영원히 끝나지 않을 듯하던 시련이 한 고비를 넘겼다.

루이는 학교에서 문법과 역사, 과학, 수학을 공부했다. 생계를 위한 기술로 바구니와 솔, 가죽 신발 등을 만드는 공예를 배웠다. 그리고 악기를 연주하는 법도 공부했는데, 루이는 특히 오르간 연주를 좋아했다. 훗날 성당의 오르간 연주자가 될 만큼 실력을 갈고닦았다.

그사이에 책을 직접 읽고 싶다는 루이의 열망은 점점 더 커져 갔다. 학교 도서관에 있는 책은 다 해 봤자 열네 권이 전부였다. 시각 장애인을 위해 만들어진 이 책들은 교육자 발랑탱 아우이(왕립 시각 장애 청소년 학교의 설립자)가 고안해 낸 것으로, 종이 뒷면에 글자를 눌러 찍은 돋을새김 책이었다. 엠보싱 화장지처럼 오톨도톨 올라온 윗면을 손으로 만져 글자를 읽을 수 있었다. 그러나 이런 책들은 너무 두꺼운 데다 제작이 까다로워서 다양한 책을 만들어 내기가 쉽지 않았다.

어둠의 장벽을 넘는 빛의 글자, 점자

루이가 열세 살 때, 학교에 특별한 손님이 찾아왔다. 샤를 바르비에라는 퇴역한 프랑스 육군 대위로, 시각 장애인 학생들에게 자신이 개발한 '야간 문자'를 소개하고 싶어 했다. 야간 문자는 칠흑 같은 어둠 속에서 손끝으로 읽을 수 있는 촉각 문자였다. 볼록한 점 열두 개를 여러 형태로 배치해서 알파벳에 대응시켰다.

척 보기에도 전쟁터 같은 극한 상황에서 소리 없이 암호로 주고받기 좋을 듯했다. 또 전통적인 문자보다 생김새가 간단해서 생업으로 바쁜 사람들이 익히기 쉬워 보였다. 무엇보다 시각이나 청각에 장애를 지닌 사람들이 촉각으로 읽을 수 있는 문자라는 게 획기적이었다.

'획이 아닌 점으로 의미를 전달하다니, 얼마나 기발한 생각이야?'

그걸 보는 순간, 루이의 가슴이 쿵쾅쿵쾅 뛰었다. 물론 돋을새김 책도 손끝으로 만져서 글을 읽었지만, 섬세한 획들로 이루어져 있어서 파악하는 데 시간이 오래 걸렸다. 그에 반해, 점은 손끝 촉감으로 구분하기가 훨씬 더 간단했다.

루이는 조금 더 욕심이 났다. 야간 문자를 더욱 쉽고 빠르게 읽을 수 있는 방법이 없을까?

"이 방법으로 사람이나 사건, 사상, 지식에 대해 배우기 어렵다면 다른 방법을 모색해야만 한다."

하루 일과를 마친 뒤 혼자 있을 때도, 방학을 맞아 그리운 고향으로 돌아가서도, 루이는 종이에 바늘로 점을 찍어 가며 더 나은 야간 문자를 만들기 위해 연구를 계속했다. 그사이 프랑스에는 끔찍한 전염병이 돌았다. 바로 콜레라였다. 루이의 아버지와 어머니는 그만 콜레라에 걸려 세상을 등지고 말았다.

이제 더는 돌아갈 곳이 없었다. 루이에겐 학교가 유일한 집이 되어 버렸다.

읽는 것이 힘이다!

1824년, 루이는 드디어 마음에 드는 야간 문자의 형태를 완성했다. 단 여섯 개의 점을 예순세 가지 조합으로 바꾸어 알파벳과 숫자, 구두

점, 거기다 악보의 음표까지 표현해 내었다. 이 문자는 훗날 루이의 이름을 따서 '브라유 점자'라고 불리게 된다.

모르는 사람은 있어도 한 번만 써 본 사람은 없다는 게 이런 경우일까? 브라유 점자를 접한 학생들은 읽고 쓰기가 훨씬 더 간편해져서 크게 감동했다. 샤를 바르비에 대위마저 브라유 점자가 야간 문자보다 한 단계 진화한 체계라는 데 동의했다. 그러나 학교에서는 새로운 문자를 도입하려면 큰돈이 든다는 이유로 이 점자를 받아들이지 않았다.

루이는 졸업한 뒤에도 모교에 남았다. 교사가 되어 학생들에게 음악과 수학, 지리를 가르치며 여생을 보냈다. 그리고 1852년 1월 6일, 마흔세 번째 생일이 지난 이틀 뒤 폐결핵으로 세상을 떠났다.

루이의 점자가 모교에서 공식 문자로 채택된 것은 그로부터 이 년이 지난 1854년이었다. 학생들의 강력한 요구에 의해서였다. 이어 프랑스의 더 많은 시각 장애인 학교를 거쳐 유럽 전역으로, 또다시 전 세계로 퍼져 나갔다. 이제 브라유 점자는 시각 장애인을 위한 가장 보편적인 문자로 자리 잡았다.

스웨덴의 시각 장애인 여성 에바는 어린 시절에 학교에서 브라유 점자를 배운 뒤 자신의 삶이 어떻게 바뀌었는지 이렇게 이야기한다.

> "점자 덕분에 저는 독립적인 사람이 되었어요. 십 대에는 밤을 새워 이불 속에 웅크리고 책을 읽었죠. 집에서 독립했을 때도 점자 덕분에 용기를 낼 수 있었어요. 손가락으로 향신료 통을 읽고 음반 표지를 구분할 수 있었으니까요."

오늘날, 브라유 점자는 알파벳 표기가 일상화된 생활 속 어디에서나 쉽게 찾아볼 수 있다. (한국에서는 1926년에 시각 장애인 학교 교사 박두성이 여섯 개의 점으로 한글 자모를 표현한 한글 점자가 사용되고 있다.) 이제는 문자와 이미지를 낭독해 주는 컴퓨터가 나왔지만, 발명된 지 이백 년이 지난 브라유 점자의 사용 빈도에 비할 수는 없다. 약국의 포장재에는 약 이름이 브라유 점자로 표기되어 있다. 엘리베이터 버튼에는 층 번호와 나란히 브라유 점자가 새겨져 있다.

컴퓨터는 일반 문자를 점자로 번역해 낸다. 그렇다 하지만 일반 문자가 표준 기호로 쓰이는 이 세상에서 시각 장애인들은 점자로 읽을 권리를 위해 간절한 싸움을 계속하고 있다.

의사소통 수단에 접근한다는 건, 넓은 의미에서 볼 때 지식에 다가선다는 것과 같습니다. 우리 앞에서 짐짓 겸손한 태도를 보이는 이들에게 괄시나 동정을 받지 않으려면 이건 아주 중요한 문제입니다.

우리는 연민을 구할 것도 아니고, 우리가 쉽게 상처받는다는 점을 상기시킬 필요도 없습니다. 우리는 평등하게 대우받아야 하니까요. 통신 수단을 얻는 것만이 그것을 이루는 방법입니다.

▪ 루이 브라유

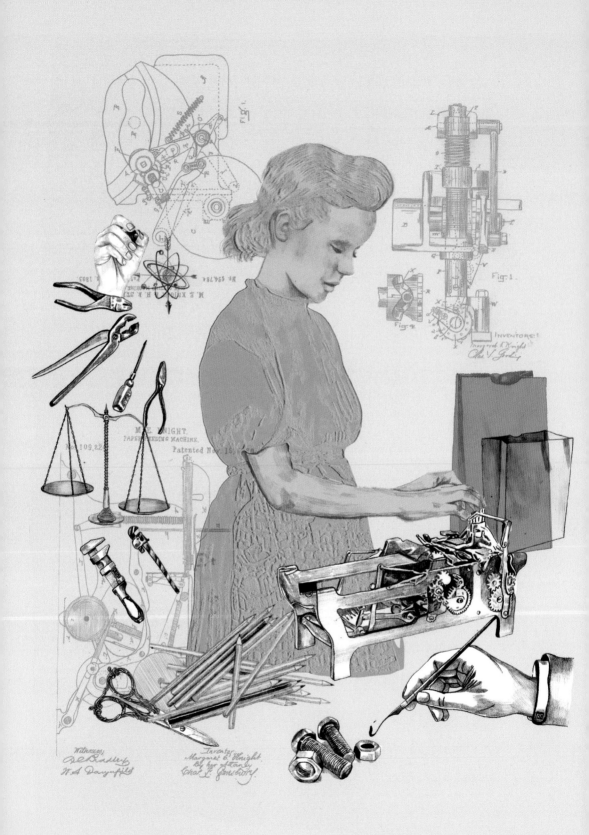

마거릿 E. 나이트

1838~1914년 · 미국

너무너무 화가 나서 머리가 핑 돌고 눈앞에서 번갯불이 번쩍이는 것 같아. 피고인석에 앉은 저 남자의 주장은 몽땅 거짓말이야. 종이봉투 제조기가 자신의 발명품이라고? 여자는 공학 기술에 대해 아무것도 모른다고? 내가 내 발명품을 지키기 위해 법정 소송까지 벌여야 할지 누가 알았을까? 두고 봐. 내가 진실을 밝혀 줄 테니까.

"번개 썰매 팔아요!"

마거릿은 1838년에 미국 동부 해안에 있는 도시 요크에서 가난한 노동자 집안의 셋째 아이로 태어났다. 아버지는 마거릿이 어릴 때 세상을 떠났고, 어머니 혼자 생계를 꾸렸다. 한창 자라나는 세 아이는 늘 배가 고팠다.

마거릿은 아버지의 유품인 연장 상자를 무척 좋아했다. 보통의 여자 아이들이 손바느질로 인형을 만들어 놀 때, 대패와 끌, 망치로 공작을 시작했다. 오빠들에게 장난감 팽이와 꼭두각시 인형을 만들어 줄 만큼 손재주가 좋았다. 또 밤늦도록 졸음을 참아 가며 삯바느질을 하는 어머니를 위해 발 난로를 만들었다.

마거릿은 재미난 발상이 꿈틀댈 때면 먼저 수첩을 펼쳤다. 수첩의 이름은 '내 발명품들'. 마음속에 어떤 물건이 떠오를 때마다 연필로 스케치했다.

하루는 오빠들이 마거릿에게 하늘을 나는 연에 대해 이야기했다. 또래 아이들이 새파란 하늘 높이 연을 날리고 있더라고, 초원 위에 연줄을 잡고 둥실 떠 있는 연을 올려다보면 특별한 기분이 들 거라고……. 보아하니 오빠들도 그런 연을 갖고 싶어 하는 눈치였다.

마거릿은 연을 스케치하기 시작했다. 몸통이 큰 연, 작은 연, 가벼운 연, 무거운 연……. 마침내 하늘을 가장 잘 날 법한 연을 종이 위에서 발견했다. 그리고 그 연을 실제로 만들어 냈다.

오빠들은 기대와 긴장 속에 하늘 높이 연을 띄웠다. 연이 하늘에서

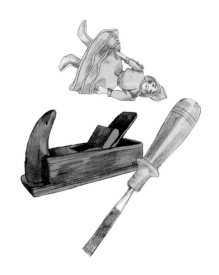

꼬리를 즐겁게 흔들었다. 친구들이 다가와 그 연을 어디서 구했는지 물었다. 오빠들은 누이동생이 연을 만들었다고 했지만 아무도 그 말을 믿지 않았다. 여자아이가 나무를 깎고 다듬어 뭔가를 만들 수 있다는 얘기는 들어 본 적이 없었기 때문이다.

날씨가 쌀쌀해지자 마거릿은 새로운 계획에 착수했다. 겨울 썰매 대회에 나갈 오빠들에게 빠르게 달리는 썰매를 만들어 주려는 것이었다. 드디어 첫눈이 언덕에 쌓인 날, 오빠들은 썰매를 타고 날아갈 듯 달렸다! 대회란 대회에서 모두 우승을 휩쓸었다.

친구들이 또다시 몰려와 오빠들에게 물었다. 그 번개처럼 빠른 썰매는 대체 어디서 났느냐고. 오빠들은 자랑스럽게 누이동생의 작품이라고 답했다.

그러자 누군가가 조심스럽게 마거릿에게 썰매를 만들어 줄 수 있는지 물었다. 다른 소년들도 앞다투어 썰매를 주문했다. 대당 25센트에 썰매를 팔았다. 그렇게 번 돈을 어머니에게 갖다주었다.

직조 공장의 치명적인 발사체

마거릿이 열두 살 때, 어머니는 중대한 결정을 내렸다. 먹고살기가 너무 힘들어져서 도시로 이사를 가기로 한 것이다. 바야흐로 산업 혁명의 시대! 굶주림에 지친 사람들이 고향을 떠나 도시로 이주해 가고 있었다. 도시에는 직물, 비누, 공구, 그리고 성냥에 이르기까지 온갖 물건을 만드는 공장들이 바쁘게 돌아가고 있었다. 물론 일자리도 많았다.

"맨체스터로 이사를 가자!"

맨체스터는 미국 동북부 뉴햄프셔주에 있는 도시로, 영국 산업 혁명의 요람으로 불리는 맨체스터에서 지명을 그대로 따왔다. 그 이름에 걸맞게 19세기 중엽 이 도시에는 세계에서 가장 큰 면직물 공장이 들어섰다.

맨체스터에 정착한 마거릿네 네 식구는 다 같이 공장에 취직했다. 일요일을 빼고 날마다 아침 4시 반에 일어나서 저녁 7시 반까지 일했다.

그런데 잠깐! 고작 열두 살인데 학교 대신 공장에 다닌다고? 그 당시 가난한 노동자 집안에서 태어난 어린이들에게는 흔한 일이었다. 공장주들은 어른보다 임금이 낮은 어린이 노동자를 더 적극적으로 고용했다. 더구나 어린이의 작은 손은 어른의 큰 손으로 하기 힘든 까다로운 일들을 너끈히 해내었다.

공장은 고막이 터질 만큼 시끄럽고, 조명이 침침해서 몹시 어두웠다. 그만큼 여러 가지 위험이 도사리고 있었다.

그 시절에 공장에서 일했던 십 대 소녀가 쓴 편지를 보면 얼마나 열악한 상황이었는지 엿볼 수 있다. 메리 폴이라는 소녀가 1845년 12월에 고향에 있는 아버지에게 보낸 편지다. 메리는 면직물 공장에서 단 며칠 동안 벌어진 수많은 사고에 대해 이렇게 적었다.

사랑하는 아빠!

14일에 아빠 편지를 받고 무척 기뻤어요. 저는 신상에 별일이 없다는 걸로 위안을 삼고 있어요. 다른 사람들은 목숨을 잃기도 하는데, 제 목숨과 건강을 무사히 지키고 있으니까요. 목요일에는 한 아이가 공장으로 출근하다가 빙판에 미끄러져 목이 부러졌어요. 같은 날 짐차에 치인 남자는 즉사했고요. 갈비뼈가 지다 부러진 사람도 있고, 솜이 든 포대에 깔려 죽을 뻔한 사람도 있어요.

공장주들은 노동자들의 안전에는 전혀 관심이 없었다. 누군가 죽거나 다쳐도 그 자리를 대신할 사람은 얼마든지 있었기 때문이다. 실업자들이 일자리를 달라고 늘 줄을 서 있었으니까.

어느 날 마거릿은 공장에서 일어나는 심각한 부상의 원인 중 하나가 '날아다니는 북'에 있다는 사실을 깨달았다. 북은 직조기에서 씨실과 날실을 결합하는 장치인데, 배 모양으로 생겨서 양 끝이 뾰족했다. 북이 도입되면서 천을 짜는 속도가 무려 다섯 배나 빨라졌다. 그런데 실수로 실이 끊기면 고속으로 움직이던 북이 직조기 바깥으로 튕겨 나가곤 했다. 북은 강철로 만들어져서 매우 단단했다.

마거릿은 그 북을 맞고 바닥에 쓰러진 사람을 실제로 목격했다. 슬픔과 분노로 가슴이 얼얼해졌다. 교대 작업을 마치고 집에 돌아오자마자 지친 몸을 추스를 새도 없이 발명 수첩을 집어 들었다.

'북은 치명적인 발사체야. 어떻게 하면 이 끔찍한 사고를 막을 수

있을까?'

날마다 궁리를 하고 또 했다. 궁리를 거듭한 지 이삼 주가 지나서야 가까스로 해결책이 떠올랐다.

'직조기 양 끝에 쇠붙이를 부착하는 건 어떨까? 그렇게 해서 북이 밖으로 튀어나가는 길을 막는 거지!'

마거릿은 자신의 생각을 도면에 스케치한 뒤 공장장에게 전달했다. 공장장은 도면대로 직조기 양 끝에 쇠붙이를 붙였다. 머잖아 마거릿이 다니는 공장뿐만 아니라, 맨체스터의 모든 직조 공장에서 직조기에 금속판을 부착하기 시작했다.

마거릿이 고안한 이 안전장치는 곧 미국 전역으로 퍼져 나갔다. 그리하여 다치거나 죽을 뻔한 생명을 수많이 구했으나 아무도 그것이 누구의 업적인지 알지 못했다. 그때 열두 살이었던 마거릿은 너무 어려서 자신의 발명품으로 특허를 낼 수 있다는 사실을 몰랐다.

특허란, 발명가가 자신이 세상에 내놓은 아이디어와 발명품에 대해 소유권을 누리는 것이다. 만약 마거릿이 특허를 냈다면, 수많은 공장주들이 직조기에 안전장치를 설치할 때마다 사용료를 지불해야 한다.

쇼핑백의 혁명이 된 입체형 종이봉투

해마다 면직물이 대량으로 생산되자 가격이 내리면서 노동자의 임금도 덩달아 낮아졌다. 그런데도 공장의 일자리 경쟁은 줄어들 줄 몰랐다. 마거릿은 십 대 후반에 공장을 나와 새로운 일자리를 찾아 다녔다. 이 무렵에는 가족의 품을 떠나 독립해서 살았다. 이십 대가 된 후에는 사진술, 인쇄술, 실내 장식, 집수리 등 수많은 분야의 기술직을 전전하다가 스프링필드 종이봉투 공장에 취직을 했다.

이 공장에서는 두루마리 종이를 잘라서 접은 다음 가장자리를 붙이는 기계를 사용했다. 완제품은 길쭉한 편지 봉투처럼 생겼는데, 마거릿의 눈에는 실용성이 떨어져 보였다. 일단 봉투에 바닥면이 없으니 물건을 담은 뒤 세워 놓을 수가 없었다. 또 물건을 담을 때는 꼭 한 손으로 봉투를 붙잡아야 해서 나머지 한 손만 쓸 수 있었다. 밀가루와 통조림처럼 무거운 물건을 집어넣으면 쉽게 찢어지기도 했다.

마거릿은 쓸모가 더 많은 봉투를 만들고 싶었다. 물건을 담을 때 두 손이 자유로우려면 일단 바닥이 평평하게 펴져야 했다. 낮에는 쉬는 시간 틈틈이 공장의 기계를 관찰하고, 밤에는 집에서 바닥이 평평한 봉투를 찍어 내는 기계를 스케치했다.

스케치가 어느 정도 완성되자 아버지의 낡은 공구로 종이봉투 제조기의 나무 모형을 만들었다. 처음에는 엉망진창이었지만 시간을 들여서 조금씩 개선해 나갔다.

그러던 어느 날, 드디어 나무 기계가 봉투를 한 장씩 뱉어 냈다. 바닥이 평평해서 무거운 물건을 넣어도 찢어지지 않는 봉투를…….

자신감이 생긴 마거릿은 난생처음 특허에 도전했다. 특허를 내려면 진짜 기계가 필요했다. 그때까지 모아 둔 돈을 가지고 보스턴으로 이사했다. 보스턴의 기계 공작소에서 시제품을 만들어 보고 난 후에는 더욱더 욕심이 났다. 시간과 돈을 좀 더 들여서라도 완성도를 한 단계 끌어올리고 싶었다.

몇 주 동안 공을 들여 기계를 더 정교하게 만들었다. 그러는 사이,

마거릿의 기계가 기계공들 사이에서 큰 화젯거리가 되었다. 그런데 이게 웬 날벼락일까? 긴 시간 동안 애쓴 보람도 없이 특허 출원을 거부당했다. 게다가 그 이유가 사뭇 놀라웠다. 바닥이 평평한 종이봉투 제조기는 이미 특허 등록이 완료되었다나?

마거릿보다 한 발짝 앞서 종이봉투 제조기의 특허를 따낸 사람이 있는 것이다. 찰스 애넌이라는 사람이라고 했다. 그는 마거릿의 시제품을 보기 위해 기계 공작소에 들렀던 기계공 중 한 명이었다!

특허 도둑과 맞짱 뜨다

마거릿은 너무너무 화가 났다. 심지어 돈은 이미 바닥이 나 있었다. 그 시절에만 해도 여성이 남성을 법정에 세우는 일은 결코 흔치 않았다. 그렇거나 말거나, 특허 도둑을 고소하기로 작정했다. 수개월간의 깊은 고민과 발명 과정이 고스란히 담긴 자신의 스케치를 증거물로 제출했다. 봉투 공장의 동료들은 마거릿이 쉬는 시간에도 발명품 구상에 매진해 온 사실을 증언해 주었다. 집주인도 법정에서 마거릿이 밤을 새어 가며 제조기 모형을 제작했다고 주장했다.

반면에 찰스 애넌의 주장은 고작 한 가지였다.

"여성은 기계를 만들 수 없습니다."

십육 일간의 법정 싸움 끝에 마거릿이 당당히 승리했다. 그리고 특허 서류 마지막 장에 '마가릿 E. 나이트'라는 자신의 본명을 바르게 적어 넣었다.

그 당시 많은 여성은 사회 활동에 제약이 따를까 봐 성별을 감추려고 이름을 이니셜로 직곤 했다. 하지만 마거릿은 자신이 여성이라는 사실을 구태여 감추려 하지 않았다.

"여성은 분명히 기계를 만들 수 있어. 그걸 이해하기가 그렇게 어려운 일일까?"

이듬해 마거릿은 직접 종이봉투 회사를 차렸다. 미국 전역에서뿐만 아니라 바다 건너 유럽에서도 종이봉투를 주문하기 시작했다. 지금도 바닥이 평평한 종이봉투는 우리의 삶과 함께하고 있다.

그 후로도 마거릿의 발명은 계속되었다. 신발 밑창 자르는 기계, 재봉틀 실패, 똑딱단추, 누르면 자동으로 번호가 찍히는 장치 등……. 크고 작은 발명품이 하도 많아서 일일이 열거하기가 어려울 정도였다.

마거릿은 가족을 이루지 않았다. 대신에 하루 온종일 궁리하는 발명가의 삶을 칠십 대까지 살았다. 1913년에 〈뉴욕 타임스〉가 보도한 기사 속에도 "하루에 스무 시간을 여든아흔 번째 발명품에 매달려" 있었다고 하니까 말이다. 그닥 부유한 삶은 아니었으나, 마거릿에게 소중한 건 따로 있었다. 쉼없이 부글부글 끓어넘치는 창조적 욕구와 그 어떤 상황에서도 꺾이지 않는 발명에 대한 열망이라고나 할까?

안네 프랑크

1929~1945년 • 독일/네덜란드

나는 지금까지 일기를 써 본 적이 없어. 사실 누가 열세 살 여자아이가 끄적
댄 비밀 이야기에 관심을 가질까? 그렇더라도 상관없어. 나는 내 마음속에
든 온갖 것들을 털어놓고 싶으니까.

■ 1942년 6월 20일 일기에서

나치즘, 유대인을 쓸어 내다

네덜란드의 수도 암스테르담은 운하의 도시다. 도시 전체를 가로지
르는 인공 수로가 100킬로미터도 넘는다. 그 가운데서 유독 아름답
다고 소문난 '프린선흐라흐트'(왕자의 운하). 이 운하가 흐르는 거리에는
알록달록한 3~4층 높이의 건물이 늘어서 있는데, 그 앞으로는 자동
차보다 자전거가 더 자주 지나다니고, 나무들은 물속으로 가지를 늘
어뜨린 채 한가로이 흔들린다. 이 평화로운 거리 263번지에 바로 '안

네 프랑크의 집'이 있다. 팔십 년 전, 제2차 세계 대전 당시 유대인 가족의 비밀 은신처였던 곳이다.

안네 프랑크는 1929년에 독일 프랑크푸르트의 유대인 집안에서 태어났다. 1933년에 나치가 집권한 뒤, 독일 사회에는 차별이 독버섯처럼 퍼져 나갔다. 나치당의 지도자인 히틀러가 자기처럼 '순수한(?)' 독일 혈통이 세계를 점령해야 한다며, 소수 민족과 동성애자, 장애인 등을 제거 대상으로 지목했기 때문이다.

특히 유대인은 나치당의 인종 차별 정책으로 아예 시민으로조차 인정받지 못했다. 유대인이 운영하는 가게를 대상으로 불매 운동이 벌어졌다. 곧이어 투표권을 빼앗겼으며, 결혼도 유대인끼리만 해야 했다.

안네네 가족은 나치의 박해를 피해 네덜란드 암스테르담으로 이사했다. 아버지는 암스테르담 프린선흐라흐트 263번지에 사무실을 내고 식료품 회사를 차렸다. 절임용 향신료와 허브, 소금, 설탕 등을 파는 회사였다.

안네는 곧 학교에 입학했다. 하나라는 단짝 친구가 생겼고, 할리우드 스타를 선망했으며, 수업 시간에 발표하기를 좋아했다. 말하자면 안네는 말이 많은 아이였다. 오죽하면 선생님이 수업 시간에 떠들었다고 벌을 줄 때 '수다쟁이'란 제목으로 글을 써서 내라고 했을까!

안네가 열한 살이 되던 1940년 봄, 히틀러가 네덜란드를 침공했다. 이제 네덜란드에서도 유대인 탄압 정책이 실시되었다. 유대인은 윗도리에 노란 육각별을 달아야 했다. 전차도, 자동차도 타는 게 금지되었다. 오후 3시에서 5시 사이에만 유대인 상점에서 장을 볼 수 있었다. 유대인은 회사를 소유할 수 없게 되었다. 안네의 아버지는 결국 직원들에게 회사를 넘겼다.

안네는 즐겨 타던 스케이트를 관두었다. 유대인은 스포츠 활동을 할 수 없었기 때문이다. 또 저녁 8시 이후에는 외출이 금지되어 집 앞 마당에 나가 앉아 있을 수도 없었다.

> 어제 헬로가 우리 부모님께 인사드리러 왔어. 나는 케이크랑 사탕을 준비해 놓았지. 의자에 가만히 앉아만 있기가 어색해서 산책하러 갔어. 그런데 집에 돌아오자마자 아빠가 불같이 화를 내는 거야. 유대인의 통금 시간은 저녁 8시인데, 내가 8시 10분에 돌아왔거든.
>
> ■ 1942년 7월 1일 일기에서

낡은 책장 뒤의 은신처

안네가 베란다에 누워서 책을 읽던 한가로운 오후, 별안간 초인종 소리가 요란하게 울렸다. 언니가 하얗게 질린 얼굴로 다급히 말했다. 나치 친위대가 '호출장'을 보내왔다고, 언니를 노동 수용소로 데려가려 한다고. 그때 언니는 고작 열여섯 살이었다. 노동 수용소는 전쟁 물자를 만드는 군수품 공장이었다.

부모님은 집을 떠나 은신처로 가자고 했다. 생활에 불편함이 없도록 아버지가 몇 달 전부터 몰래몰래 물건들을 은신처로 옮겨 두었다. 안네는 목적지도 모른 채 허겁지겁 짐을 꾸렸다.

> 숨다니, 대체 어디에 숨어 살아야 하는 걸까? 도시? 시골? 집? 오두막? 언제, 어디서, 어떻게……?
>
> ▪ 1942년 7월 8일 일기에서

1942년 7월 6일 아침에 안네는 자신이 키우던 고양이와 작별 인사를 나누었다. 이웃에게 편지로 고양이를 돌봐 달라고 부탁해 두었다. 이제 자유로운 삶의 문은 닫혔다.

은신처로 가기 위해 거리로 나섰다. 안네는 북극 탐험대처럼 옷을 잔뜩 껴입었다. 짐 꾸러미가 남의 눈에 띄지 않도록 가능한 한 많이 껴입어야 했다.

> 우리 같은 유대인이 어떻게 여행 가방을 마음 편히 들고 다니겠어? 속옷을 위로 두 벌, 아래로 세 벌 입은 다음 원피스 위에 치마, 재킷, 코트를

걸쳤지. 거기에 양말 두 켤레, 장화, 털모자, 스카프 등등……. 하도 많이 입고, 신고, 쓰고, 둘러서 숨이 막힐 것 같았지만 그런 걸 불평할 상황이 아니었어.

■ 1942년 7월 8일 일기에서

책가방에 짐을 꾸릴 때 가장 먼저 일기장을 챙겨 넣었다. 자물쇠가 달린 체크무늬 일기장은 몇 주 전에 열세 번째 생일 선물로 받은 것이었다. 일기장 첫 장에는 이렇게 적어 두었다.

지금까지 아무에게도 말하지 못했던 내 모든 것을 너에게만은 다 털어 놓을게. 네가 나에게 위로와 의지가 되어 주었으면 해.

■ 1942년 6월 12일 일기에서

그때는 미처 몰랐지만 이 일기장은 은신처에서 지내는 동안 둘도 없는 친구가 되어 주었다. 안네는 자신의 꿈과 고백을 묵묵히 들어주는 이 일기장 친구에게 '키티'라는 이름을 붙여 수었다.

알고 보니 은신처는 아버지의 사무실이 있던 263번지 마당 안쪽 건물 다락방이었다. 그때부터 이 년 동안 안네 프랑크 가족은 페터르 판 텔스 가족과 함께 263번지 다락방에 숨어 살게 되었다. 아버지의 친구였던 치과 의사 프리츠 페퍼도 합류했다.

263번지 사무실의 직원들 몇몇이 남의 눈을 피해 다락방 식구들에게 생필품을 구해다 주었다. 눈속임을 위해 은신처로 통하는 문 앞에는 낡은 책장을 놓아두었다.

평범한 듯 평범하지 않은 일상

비밀의 문 뒤에서도 일상은 굴러갔다. 월요일부터 토요일까지 매일 아침 6시 45분에 자명종이 울렸다. 8시 30분부터는 모두 숨을 죽였다. 그때면 다락방의 비밀을 모르는 첫 번째 일꾼들이 두 층 아래 창고로 출근했기 때문이다. 12시 30분에는 일꾼들이 점심을 먹으러 집으로 돌아갔다. 그럼 조력자들이 책과 신문, 음식과 함께 새 소식을 전해 주러 왔다. 오후 1시에는 전쟁 상황을 듣기 위해 모두 함께 라디오에 귀를 기울였다.

나치는 계속해서 유대인과 반나치 성향의 인사들을 수용소로 데려 갔다. 그곳에서 유대인들은 고된 노동으로, 굶주림과 질병으로, 독가 스로 목숨을 잃었다.

오늘은 슬프고 우울한 소식뿐이야. 많은 유대인 동포들이 무더기로 체포 당했대. 게슈타포(나치 독일의 비밀 경찰)는 체포된 사람들을 험악하게 다루는데, 가축 운반 차량에 실어서 드렌터에 있는 베스터르보르크로 데리

고 가. 그곳에는 아주 큰 유대인 수용소가 있거든. [……]

도망은 불가능해. 수용자 머리카락을 빡빡 밀어 두니까 신분을 숨길 수가

없지. 또 유대인 특유의 생김새도 있고. 네덜란드가 이렇게 끔찍한데, 저

머나먼 곳들로 끌려가게 되면 어떻게 살까? 모두 살해당하는 게 아닐까

추측해. 영국 라디오 방송에서 독가스 살해에 대한 내용을 보도하기도 했

고. 어쩌면 그편이 가장 빠르게 죽는 방법일지도 모르겠어.

■ 1942년 10월 9일 일기에서

오후 2시 무렵이면 어른들은 대체로 다락방 곳곳에 자리를 잡고 잠
에 빠져들었다. 안네는 숨어 있다는 이유로 많은 시간을 누워서 지내
는 건 한심한 일이라고 생각했다. 그 시간에 공부도 하고 글도 썼다.
저녁에 일꾼들이 퇴근하고 나면 다락방 식구들은 건물 전체를 자유롭
게 돌아다닐 수 있었다. 밤에는 창문을 모두 검은색 패널로 덮었다. 불
빛이 새어 나가면 폭격기의 목표물이 되기 십상이었다.

매일 밤 연합군 전투기 수백 대가 지붕 위를 지나 독일로 날아갔다.
온 세상이 전쟁에 휩쓸리고 있었다. 독일과 이탈리아, 일본이 동맹을

맺어 불을 지폈다. 유럽뿐만 아니라 아프리카, 아시아, 오세아니아 국가들까지 참전했다.

이 전쟁은 훗날 제2차 세계 대전이라고 불리게 된다. 말하자면 안네는 역사상 최악의 전쟁 속을 통과하고 있었던 셈이다. 한 가닥 희망이 있다면, 미국·영국·소련을 중심으로 한 연합국이 나치 독일을 물리칠 수 있을지도 모른다는 점이었다.

1943년 7월에는 라디오에서 전쟁이 일어난 후 처음 듣는 반가운 소식이 흘러나왔다. 이탈리아에서 무솔리니가 물러난다는 소식이었다. 다락방은 마치 종전이 선포되기라도 한 것처럼 눈물바다를 이루었다. 자유와 평화가 코앞까지 바짝 다가온 듯한 느낌이 들었다.

물론 전쟁터나 수용소에 비하면 먹고 입고 자는 데 불편함이 적은 다락방은 천국이었다. 그러나 안네는 다락방 창문을 통해 바깥세상을 볼 때마다 마음이 옥죄었다.

> 너도 일 년 반 동안 갇혀 지낸다면 내 마음을 이해할 거야. 바르게 생각하고 감사해하는 마음을 지니려고 해도 감정은 무시할 수가 없다니까. 자전거를 타고, 춤을 추고, 휘파람을 불고, 세상을 내다보고, 젊음을 즐기고, 자유를 누리고. 이 모든 것을 애타게 바라게 돼. [⋯⋯]
> "유대인이든 아니든, 나는 그저 찬란한 햇빛이 간절할 뿐이라고."
> 나 자신에게 이렇게 따져 댈 때가 있어. 남들 앞에서 그런 말을 하다가는 눈물이 날 것 같아.
>
> ■ 1943년 12월 24일 일기에서

　그러다 어느 순간, 찬란한 햇빛 같은 사랑이 찾아왔다. 다락방에서 한 식구로 지내던 페터르를 좋아하게 된 것이다. 처음에는 수줍음 많은 페터르가 매우 유치해 보였다. 안네가 이전에 가까이 알고 지낸 소년들만큼 적극적이지 못했기 때문이다. 그런데도 두 사람의 우정은 점차 사랑으로 발전했다. 좁은 다락방에서 어른들의 눈총과 참견을 피해 애정을 키워 나가기가 그리 쉬운 일은 아니었지만.

　어른들은 우리를 이해 못 해. 그 사람들은 우리가 말없이 나란히 앉아 있기만 해도 행복하다는 걸 도무지 납득하지 못하거든. 무엇이 우리를 그토록 행복하게 하는지 모른다고. 이 모든 시련을 극복할 수 있을까? 그래도 시련을 극복한다는 건 참 멋진 일이야. 결과는 더욱 눈부시겠지.

■ 1944년 3월 28일 일기에서

　어머니는 안네가 다락방 지붕 아래에서 페터르와 둘만의 시간을 보내는 일을 금지했다. 평소에도 어머니와 시시콜콜하게 갈등을 겪던 안네는 몹시 분개했다. 그러나 지나고 보면, 그 모든 것이 청춘의 시간이었다.

다락방 식구들은 숨어 사는 동안, 마음을 억누르고 목소리를 낮추는 데 길이 들었다. 안네는 종종 끝이 가까워졌다는 생각을 지울 수가 없었다.

11시 15분쯤 아래층에서 사람 소리가 들렸어. 우리는 숨소리만 겨우 들릴 정도로 아무도 꼼짝하지 않았어. 건물을 울리는 발소리는 사장실, 부엌, 그리고 은신처 계단까지 이어졌어. 이제 우리 여덟 사람의 숨소리조차 들리지 않았지. 이윽고 발소리가 계단을 오르더니 책장이 덜컹거리며 흔들리는 소리가 났어. 그 순간의 심정은 말로 도저히 표현이 안 돼.
"이제 다 끝났어."
나는 속삭였지. [……] 오늘 밤 다 같이 게슈타포에게 끌려가는 광경이 눈앞에 선했거든. [……] 발소리 차차 멀어져 갔어, 일단은 살았어.

■ 1944년 4월 11일 일기에서

20세기 소녀가 인류에게 남긴 유산

드디어 전운이 뒤집혔다. 1944년 6월 6일, 독일에 맞선 연합군 병력 15만 명이 프랑스 노르망디 해안에 상륙한 것이다. 다락방에도 다시 희망이 움텄다.

안네는 가을에 다시 학교에 갈 수 있을지 모른다는 생각에 들떴다. 할 수 있는 모든 것을 꿈꿨다. 이제 거리에서 쫓기는 기분에 뒤를 돌아보지 않고, 영화관에 가고, 카페에서 차를 마시고, 남자 친구와 데이트를 할 수 있을지도 모른다고…….

어른들도 달콤한 꿈에 부풀었다. 모든 것이 끝난 뒤 원 없이 케이크를 먹고 싶다고 했다. 뜨거운 물에 오래도록 몸을 담근 채 목욕을 하고 싶다고 했다. 그리운 옛 친구들을 만나러 가고 싶다고 했다.

그러나 1944년 8월 4일 아침 10시를 넘어선 시각, 프린선흐라흐트 263번지 앞에 차 한 대가 멈춰 섰다. 나치 친위대 지휘관과 경찰관 여러 명이 차에서 내리더니 사무실 계단을 내처 올라갔다. 곧 책장 뒤에 오랫동안 가려져 있던 비밀 문을 찾아냈다. 다락방 식구들은 모두 체포되어 그길로 폴란드의 아우슈비츠에 있는 수용소로 보내졌다. 난장판이 된 다락방 바닥에는 주인을 잃은 빨간색 체크무늬 일기장이 나뒹굴고 있었다.

수용소는 춥고 배고프며 불결한 지옥이었다. 유대인들은 사육 공장 가축만도 못한 취급을 받았다. 안네와 언니는 여러 달 동안 살아남았으나, 10월 말에 독일에 있는 수용소로 이송되었다. 겨우내 수용소에서는 장티푸스가 번져 나갔고 수많은 사람이 목숨을 잃었다.

봄이 되어 전염병이 잠잠해지는가 싶더니 언니가 먼저 세상을 떠났다. 며칠 뒤에는 안네도 목숨을 잃었다. 1945년 4월 15일, 영국군이 수용소를 해방시키기까지 몇 주가 채 남지 않은 때였다. 그해 5월 7일, 독일이 마침내 항복하면서 유럽에서 전쟁이 끝났다.

나치의 '인종 청소'로 육백만 명이나 되는 유대인이 학살되었다. 전 유럽 유대인의 3분의 2에 해당하는 수치였다. 단 몇 달만 더 다락방에서 지낼 수 있었다면, 은신처 식구들은 전쟁에서 살아남아 그토록 꿈꾸던 자유로운 삶을 되찾지 않았을까? 여러 가지 추측이 난무하지만,

지금까지도 누가 안네네 가족의 은신처를 밀고했는지는 밝혀지지 않았다.

다락방 식구들 중 유일하게 살아남은 사람은 안네의 아버지였다. 그는 수용소에서 풀려나 홀로 암스테르담으로 돌아왔다. 암스테르담에 도착하자 안네네 가족을 도운 죄로 수감되었다가 풀려난 조력자 한 사람이 그를 맞았다.

조력자는 안네의 아버지 손에 빨간색 체크무늬 일기장을 건넸다. 다락방 바닥에서 찾아낸 안네의 마지막 유산이라며……. 그로부터 이 년이 흐른 뒤, 1947년에 안네의 일기는 '은신처'라는 제목을 단 채 책으로 출간되어 세상에 공개되었다.

이 책은 전 세계 55개국에서 번역되었으며, 영화와 연극으로도 재탄생했다. 이 정도면 세계에서 가장 유명한 일기장이라 해도 과언이 아니다. 안네는 자신이 보고 겪은 삶을 기록했을 뿐이지만, 그 기록은 인류가 공유하는 기억이 되었다.

안네의 일기는 국가와 민족, 그리고 그 어떤 사회 집단에서도 결코

지우지 못한 나 자신, 즉 개인의 존재를 생생하게 증명해 낸다. 자유는 누구에게나 소중한 것임을 일깨우며, 그런 자유를 억압하는 전체주의의 폭력성을 엄중히 경고한다.

> 모든 것이 괜찮아지리라고, 이 잔악함도 끝내는 사라져 세상에 평화와 고요가 되돌아오리라고.
>
> ■ 1944년 7월 15일 일기에서

안네가 일기장에 적어 내려간 간절한 희망은 잊을 수 없는 교훈을 남긴다. 언제, 어디서도, 종교가 달라도, 가치관이 달라도, 피부색이 달라도, 우리는 누구나 똑같이 존중받아야 할 인간인 것을…….

글로리아 레이 칼마르크

1942년~ · 미국

연방 대법원 판결에 따르면, 이제 흑인도 백인과 같은 학교에 다닐 수 있어. 그런데 등교 첫날, 학교 앞 풍경이 어땠게? 백인 시위대와 군인들이 정문을 막고 있더라. 남부 깃발을 든 젊은 남자는 방송 기자가 내민 마이크에 대고 고함을 쳤어.

"저놈들한테는 학교에 다닐 권리가 없어요!"

미국에서 흑인 혈통이란?

글로리아 세실리아 레이는 1942년, 미국 남부에 위치한 아칸소주 리틀록에서 태어났다. 당시 미국 남부는 흑인 차별이 극심했다. 거리를 둘러보면 흑인 아이도 백인 아이도 눈에 띄었지만 함께 뒤섞여 놀지는 않았다. 흑인 아이는 흑인 학교에, 백인 아이는 백인 학교에 다니고 있었다.

글로리아의 어머니는 사회 복지사로 일하면서 어려운 사람들을 도왔다. 아버지는 흑인들에게 농사의 질을 높이는 특수한 농법을 가르쳤다. 두 사람 다 대학교를 졸업했지만, 그 시절 흑인이 고등 교육을 받는 것이 그리 흔한 일은 아니었다. 글로리아의 할아버지만 해도 노예 신분이었으니까 말이다.

미국의 흑인 노예 제도는 유럽 강대국들이 앞다투어서 아메리카 대륙에 식민지를 건설하던 15~18세기에 뿌리내렸다. 아메리카 대륙 북부는 프랑스와 영국, 네덜란드가, 중남부는 네덜란드와 에스파냐가 각각 식민지로 거느렸다.

지배국은 선주민들의 땅을 빼앗고 대규모 농장을 만들어 사탕수수와 목화를 재배했다. 거대한 농장을 꾸리는 데는 많은 일손이 필요했다. 그 자리를 아프리카에서 강제로 끌고 온 아프리카인들로 메꾸었다. 노예 신분은 자식에게 대물림되었다.

채찍질과 감금, 굶주림……. 자유를 빼앗긴 삶을 자식에게 물려준다는 것은 어떤 의미일까? 미국 노예 제도의 참상을 고발한 소설 《톰 아저씨의 오두막》에는 온 평생 물건처럼 팔려 다닌 노예 여인이 제 아이에게 아편을 먹여 목숨을 거두었다는 살벌한 고백이 등장한다. 현실은 물론이고 미래도 기약할 수 없는 데서 오는 깊고 깊은 절망이었을 것이다.

1865년, 의회에서 수정 헌법이 통과하면서 미국 전역에서 공식적으로 노예 제도가 폐지되었다. 그러나 제도가 바뀌었다 해도, 사람들의 뿌리 깊은 의식까지 변화하는 데는 긴긴 시간이 필요했다.

글로리아의 아버지는 노예 제도가 폐지된 뒤에 태어났다. 그 덕분에 어렵게나마 대학을 졸업했다. 농장에서 자기 일을 대신 수행할 사림의 임금을 내주는 조건으로 공부를 시작한 뒤, 유명한 흑인 대학교에 들어갔다. 흑인이 공부에 뜻을 두려면 감당해야 할 대가가 적지 않았다.

글로리아의 부모님은 배움에 대한 열망이 컸던 만큼 교육열이 매우 강했다. 아이들에게 잠자리에서 그리스 신들에 관한 책을 읽어 주었고, 성장 과정 내내 바른 마음으로 공부에 임해야 한다고 당부했다.

그렇다 해도 어느 날 아침, 신문에서 자신들의 딸 글로리아가 흑인 최초로 백인들만 다니는 센트럴 고등학교에 입학한다는 기사를 읽었을 때는 기함을 했다. 글로리아가 센트럴 고등학교에 입학을 지원한 사실을 비밀로 했던 것이다.

많은 책이 있는 도서관과 유능한 교사들……. 센트럴 고등학교는 교육 여건이 좋을 뿐 아니라, 지역 내에서 가장 아름다운 건축물로 손꼽혔다. 노란 벽돌로 지어진 웅장한 건물과 그 앞으로 펼쳐진 연못 딸린 공원은 보는 이를 하나같이 탄복시켰다.

어머니와 아버지는 딸을 응원하면서도 불안한 마음을 잠재울 수 없었다. 딸은 백인 학교에 입학하는 최초의 흑인 학생이 되려 하고 있었다. 무턱대고 잘했다고 칭찬할 수만은 없는 일이었다. 그건 무서운 압박과 공포가 따르는 일이었기 때문이다.

분리되어 있지만 평등하다?

1865년에 미국에서 노예 제도가 폐지되고 어언 백여 년이 흘렀지만, 1950년대 미국 남부 현실은 인종 분리 정책, 그러니까 '짐 크로법'

이 지배하고 있었다. (본래 '짐 크로'는 초라한 시골 출신 흑인을 희화화한 캐릭터로 흑인을 경멸할 때 사용하는 표현이다.)

백인에게 우호적이고 흑인에게 차별적인 판결을 내린 이 판결문에는 '분리하되 평등해야 한다'는 교묘한 표현이 버젓이 적혀 있었다. 흑인과 백인은 평등해야 하나, 서로 분리되어야 한다……? 따지고 보면 차별을 합법화하는 말이었다.

백인은 짐 크로법을 이용해 경제, 교육, 주거, 복지 혜택에서 흑인을 철저하게 배제시켰다. 이렇듯 명백하게 분리를 하고 있었으니, 흑인에게는 애초에 공정한 기회가 주어질 리가 없었다.

> 버스 좌석에서 앞쪽 10석은 백인석, 뒤쪽 10석은 흑인석, 그리고 가운데 16석은 아무나 앉을 수 있다. 그러나 빈 좌석이 없을 경우, 흑인은 백인에게 자신의 자리를 양보해야 한다.
>
> ■ 1900년 앨리배마주 몽고메리 도시 법령

버스에서뿐만이 아니었다. 흑인은 백인과 같은 학교를 다닐 수 없었다. 같은 화장실을 사용할 수도 없었고, 같은 수도꼭지를 쓸 수도 없었다. 당연히 같은 식당에서 식사를 할 수도, 공원에서 같은 벤치에 앉을 수도 없었다.

이러한 멸시와 불의를 견디지 못해 맞서는 흑인들에게는 경악스런 벌이 가해졌다. 글로리아가 다니는 예배당에 신도들이 모인 어느 날, 흑인 남성 시신이 문밖 가로등에 매달리는 참혹한 사건이 일어났다.

교육 시설의 인종 분리는 위헌!

1954년에 연방 대법원은 공립 교육 시설을 인종에 따라 분리하는 것은 위헌이라고 판결했다. 즉 공립 학교는 피부색과 관계없이 모든 학생에게 열려 있어야 한다는 뜻이었다. 글로리아는 이 원칙이 아칸소주 리틀록에 있는 백인 학교에도 똑같이 적용될 수밖에 없다는 사실을 알고 있었다.

1957년 여름, 방학이 끝나자마자 글로리아는 친구와 함께 차를 몰고 센트럴 고등학교로 향했다. 학교 맞은편에 차를 세우고 당당히 정문으로 걸어 들어갔다.

백인 학생들과 교사들은 이 모습을 가만히 지켜보았다. 누구 하나 입을 열진 않았지만 얼음장처럼 차가운 분위기였다. 그렇거나 말거나, 글로리아와 친구는 행정실로 가서 입학 등록을 차분하게 마쳤다.

다음 날 신문에는 "리틀록 센트럴 고등학교에 입학할 계획을 세우는 흑인들"이라는 기사가 떡하니 실렸다. 이 소식은 백인 인종 차별주의자들의 마음에 거센 불길을 일으켰다. 그들의 눈에 이 흑인 학생들은 백인의 특권을 넘보는 몰염치에 분수를 모르는 불한당이었다.

아칸소주의 포버스 주지사는 이런 인종 차별주의자들의 든든한 방

패막이었다. 미국은 50개 주로 이루어진 연방제 국가로, 연방법과 주법이 각기 달랐다. 주지사는 대법원의 판결과 상관없이 아칸소주 학교들에서 인종 분리 정책을 유지하겠다는 입장을 밝혔다.

시위대가 등굣길을 가로막다

첫 등교일, 글로리아와 여덟 명의 친구들은 들뜬 마음을 안고 센트럴 고등학교로 향했다.

'새로 산 구두가 괜찮아 보일까? 백인 학생들과 잘 어울릴 수 있을까? 선생님들은 친절할까?'

그러나 교문 앞에는 믿을 수 없는 광경이 펼쳐져 있었다.

천여 명의 백인 시위대가 정문을 막고 소리쳤다.

"주지사가 옳다!"

"백인과 흑인의 통합은 죄악이다!"

"신에 대한 모독이다!"

"저지하라!"

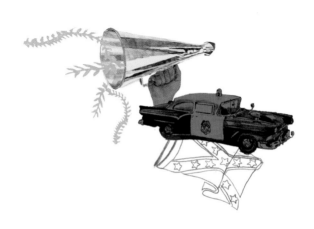

그뿐이 아니었다. 주지사가 소집한 주 예비군이 출동해 있었다. 소총을 든 병사들이 학생 앞을 가로막다니……. 아홉 명의 학생은 센트럴 고등학교에 온 첫날 그대로 발길을 되돌려야 했다.

훗날 이를 '리틀록 나인'이라 부르게 되었다. 그날의 현장 사진 중 특히 유명한 것은 아홉 명의 학생 중 한 사람 뒤로 백인 시위대가 따라붙는 장면을 포착했다.

멋진 드레스를 빼입고 작은 손가방을 든 젊은 백인 여성들이 흑인 여학생을 잡아먹을 듯이 노려보며 악을 쓰고 있다. 1950년대 미국 남부의 현실을 적나라하게 담아낸 이 사진은 세계사에 길이 남는 가슴 아픈 장면이 되었다.

주 예비군 vs. 호위대

이 사건은 미국 전역에서 뜨거운 화제로 떠올랐다. 아이젠하워 대통령은 포버스 주지사에게 연방법에 따라 흑인 학생들을 등교시키라고 압력을 가했다. 삼 주일 뒤, 흑인 학생들은 다시 등교를 시도해 보기로 했다.

글로리아의 아버지는 아홉 명의 학생을 학교 옆문으로 몰래 들여보내는 데 성공했다. 그러나 몇 시간 뒤 시위대가 학교로 몰려왔다. 아홉 명의 학생은 학교 건물 지하로 도망쳐 민간 차량으로 위장한 경찰차를 타고 피신했다.

그러고는 자동차 뒷자리에서 몸을 잔뜩 웅크렸다. 경찰관이 무슨 일이 있어도 고개를 들면 안 된다고 주의를 주었기 때문이다. 글로리아는 백인들의 끝 모를 혐오를 도무지 이해할 수가 없었다.

자식의 생명이 위태로워질 것을 염려한 흑인 학부모들은 급기야 대통령에게 전보를 쳤다. 학교가 또 한 번 대법원의 결정을 어겼다고.

다음 날 대통령에게서 답신이 도착했다.

> 평등을 추구하는 이 나라의 투쟁에서, 위협적인 상황에서도 여러분은 존엄성과 용기를 보여 주었습니다. 진심으로 여러분의 성공을 기원합니다.
>
> ■ 대통령 아이젠하워

그 후 대통령은 흑인 학생들의 호위대를 파견했다. 미군에서 가장 강인한 공수부대원 천 명을 리틀록으로 출동시킨 것이다.

다음 날 아침, 아홉 명의 학생은 시민 운동가의 집에 모여 있다가 함께 큰 차를 타고 학교로 갔다. 학생들이 탄 차 앞뒤에서 호위 병사들이 지프를 몰았다. 그날은 이 학생들이 정규 수업을 받는 첫날이 되었다. 그렇다고 해도 앞으로 펼쳐질 미래가 두렵긴 마찬가지였다.

리틀록 나인, 증오 범죄의 표적이 되다

아홉 명의 학생은 긴장을 늦출 수가 없었다. 반이 서로 달라서 서로를 지켜 줄 수도 없었다. 교실이나 복도를 걸어가다가 별안간 등이 훅 떠밀리는 건 예사였다. 심지어 옷깃이 찢기거나 오물을 뒤집어쓰기도 했다. 백인 학생들은 짚으로 만든 검은 인형을 나무에 매달고선 앞다투어 주먹을 날리며 낄낄거렸다.

한번은 백인 남학생이 흑인 여학생의 음식에 침을 뱉었다. 여학생은 그 음식을 남학생에게 쏟아 버렸다. 그렇지만 정작 집으로 쫓겨난 건 흑인 여학생이었다. 여학생은 크리스마스가 끝날 때까지 학교로 돌아올 수 없었다. 그러나 남학생은 아무런 처벌도 받지 않았다.

글로리아는 베키라는 백인 여학생과 친밀한 내용의 비밀 쪽지를 주고받곤 했다. 그런데 어느 날, 글로리아가 복도에서 인사를 하려 하자 베키가 난색을 드러냈다. 가족들이 곤경에 처할까 봐 걱정스럽다는 것이었다. 백인 학생 천팔백 명 중 극소수는 흑인 학생들에게 그런대로 우호적인 편이었다. 그렇다고 리틀록 나인을 편들면 누구나 덩달아 표적이 되었다. 이런 상황에서 감히 누가 나서서 이 가혹한 따돌림을 막을 수 있을까?

글로리아의 어머니는 결국 직장을 잃었다. 집에는 툭하면 장난 전화가 왔다. 수화기 저편에서는 "글로리아가 죽었다."는 섬뜩한 거짓말이 들려왔다. 글로리아는 되도록 부모님의 도움 없이 공포와 슬픔을 이겨 내기로 결심했다.

> "부모님은 늘 이렇게 말씀하셨어요. 저 바깥에는 사리 판단이 어두워 어리석은 이들이 많다고. 그리고 우리가 흑인으로서 하면 안 될 일들이 있다는 것도요. 저는 게임의 규칙에 따르면서도 변화를 위해 최선을 다해 보기로 했어요."

글로리아는 고등학교 과정을 훌륭하게 마쳐 자신이 그곳에서 공부할 자격이 충분했다는 사실을 세상에 증명하기로 했다. 특히 수학과 과학 공부에 매진해, 언젠가는 핵 물리학자가 되고 싶었다. 그 꿈을 이루기 위해 하루하루를 견뎌 냈다. 마음이 만신창이가 되어도 겉으로는 흐트러짐 없이 완벽해 보이려고 애썼다.

그런 압박과 고독을 어떻게 속으로 다 삭여 낼 수 있었을까? 글로리아 말에 따르면, 친구들과 함께 걷는 등하굣길이 그나마 서로에게 가장 힘이 되는 시간이라고 했다.

"그때 우리는 농담을 하면서 웃음을 나누었어요. 그건 힘을 내기 위한, 용기를 키우는 우리만의 방식이었지요."

이듬해 5월에는 리틀록 나인 중 한 사람이 졸업을 했다. 그날 마틴 루서 킹 목사가 학교를 방문했다. 그는 미국 흑인 민권 운동을 이끄는 젊은 지도자로 피부색이나 성별, 종교와 관계없이 누구나 똑같이 소중한 존재라는 점을 강력히 호소해 왔다. 무엇보다 그는 리틀록 나인을 지켜보면서 열렬히 응원해 온 지지자였다.

킹 목사는 졸업식을 그저 조용히 지켜보았을 뿐이지만, 그날 이후 글로리아에게는 새로운 동력이 생겼다. 미래에는 그 어떤 흑인도 자

신들이 당했던 일을 똑같이 겪지 않기를 바랐다.

센트럴 고등학교에서 일 년의 시간을 보내면서, 글로리아는 좀 더 진지하고 신중해졌다. 한편으로는 세상의 불의가 더 뚜렷하게 보이기 시작했다.

글로리아는 이렇게 말했다.

"그해가 시작될 때 저는 열네 살이었는데, 그해가 끝날 때는 마치 백 살이 된 듯한 기분이었어요."

어느 사이엔가 글로리아는 주목받는 일에도, 비난받는 일에도 자못 익숙해졌다. 그만큼 더 용감해진 것이다. 아주 짙은 어둠이 눈앞을 가릴 때는 묵묵히 그 시간을 견뎌야 한다는 것, 한 번에 한 걸음만 내딛되 절대로 초조해해서는 안 된다는 것, 그리고 거침없이 흘러가는 시간 속에서도 결코 목표를 잃지 말아야만 한다는 것을 알게 되었다. 이 깨달음은 글로리아의 삶을 완전히 바꿔 놓았다.

삶을 다스리는 힘은 자기 자신에게서 비롯되는 것

그 후 글로리아는 일리노이 공과 대학교에서 화학과 수학 학사 학위를 받은 최초의 흑인 여성이 되었다. IBM의 시스템 분석가이자 컴퓨터 산업 분야의 국제 학술지 창간인으로 공학 분야에서 굵직한 경력을 쌓았다.

이제 글로리아는 학교를 찾아다니며 리틀록 나인의 이야기를 청소년들에게 전하고 있다. 강연의 주요 메시지는 남이 뭐라고 하건 삶을 다스리는 힘은 자기 자신에게서 비롯됨을 잊지 말라는 것이다. 악당과의 싸움에서 희생양이 되었다는 자기 연민에 빠져 있으면 아무것도 바꿀 수 없다고……. 더불어 출신·성별·종교·인종에 상관없이 청소년들이 서로를 알아 가기를 간곡하게 당부한다.

리틀록 나인의 등교 투쟁 이후, 1964년에 놀라운 일이 벌어졌다. 학교뿐만 아니라 일터, 공공시설에서의 인종 분리를 금지하는 민권법이 통과된 것이다. 그 기세에 힘입어 1980년대 말까지 학교에서의 인종 분리는 차츰차츰 철폐되는 분위기였다.

그러나 때때로 시간은 거꾸로 흐르는 걸까? 2007년에 연방 대법원이 인종 통합을 학교들의 자율에 맡기도록 결정하자, 또다시 분리 추세가 강화되고 있다는 씁쓸한 통계가 보고되었다.

2022년에는 백인들에게 죄책감을 불러일으킨다는 이유로 교실에서 인종 차별의 역사를 가르치지 않겠다는 분위기도 있다는 뉴스까지 들려온다. 그렇기에 글로리아의 당부는 지금까지도 더욱더 깊고 크게 메아리친다.

리오넬 메시

1987년~ · 아르헨티나

내 이름은 리오넬 메시. 내가 열 살 때 성장 호르몬에 문제가 생겼어. 하지만 키가 작은 만큼 날쌘 덕분에 내게 편한 축구 기술을 터득했지. 이제 난 알아. 때로는 나쁜 일이 더 좋은 결과를 부르기도 하는 것을……. 불가능, 그건 아무것도 아니야.

▪ 아디다스 광고에서

로사리오에서 보낸 어린 시절

어떻게 하면 축구로 세계 최고가 될 수 있을까? 어떤 사람은 재능이 가장 중요한 자질이라고 한다. 어떤 사람은 뚜렷한 목표를 두고 일만 시간을 투자할 수 있으면 된다고 한다. 놀랍게도 메시는 그 모든 조건을 갖추었다.

메시는 아주 어릴 때부터 축구로 주목을 받았다. 수비진을 뚫고 드리블을 할 때면 사람들이 이렇게 소곤거렸다.

"우아, 공이 발에 달라붙어 있는 것 같아!"

메시의 고향은 아르헨티나의 로사리오다. 아버지는 가난하지만 생활력이 넘치는 작은 동네에 단출한 이층집을 손수 지어 올렸다. 그곳에서 부모님과 누이, 그리고 두 형제와 함께 자랐다.

마을은 집집마다 현관문을 활짝 열고 지냈고, 동네 아이들은 대가족처럼 허물없이 어울렸다. 메시는 친구들과 함께 널빤지로 요새를 세워 숨바꼭질을 하고, 자전거를 타고 레몬 서리를 하러 다녔다. 가끔은 거리를 지나는 버스를 향해 물풍선도 던졌다.

그러나 메시를 가장 강렬하게 사로잡은 것은 무엇보다 축구였다. 일요일마다 메시는 친구들을 할머니 댁으로 데려가 저녁을 먹은 뒤 사촌들까지 한데 어울려 축구를 했다. 가끔은 나이 차가 제법 나는 형뻘들과 경기를 해서 이기기도 했다. 메시는 어디를 가나 축구공을 지니고 다녔다. 밤에는 침대 옆에 축구공을 놓고 잤다.

할머니의 이유 있는 치맛바람

메시가 축구와 사랑에 빠진 건 할머니 영향이 컸다. 아버지가 지역의 축구 클럽 코치였던 데다, 가족 모두가 축구를 워낙 좋아해서 동네 축구 클럽 경기를 함께 보러 다녔다. 그러던 어느 날, 유소년 팀에 빈자리가 났다. 할머니는 고작 네 살 난 메시를 이 팀에 집어넣었다.

메시는 그때를 이렇게 추억한다.

"'미쳤어요, 이 쪼그만 녀석을? 다치면 어쩌려고요?'

코치가 이렇게 말하는데도 할머니는 막무가내로 고집을 부렸어요.

'메시를 그 팀에 넣어요. 넣어 보라니까요. 축구화를 준비해 둬요. 다음 주부터 여기로 데려올 테니까.'

그게 저와 축구의 첫 만남이었어요. 놀라운 시간이 시작되었지요."

나이는 어렸지만, 메시의 재능은 금세 모두를 놀라게 했다.

"첫 경기에서 두 골을 넣었어요. 득점할 때마다 관중석에서 박수가 터져 나왔을 테지만, 저에겐 그 소리가 들리지 않았어요. 제 이름을 외치는 할머니 목소리만 들렸거든요. 저는 관중석에 계신 할머니를 향해 미소를 지으며 허공으로 양손의 검지를 뻗었어요. 오직 할머니를 위해 두 골을 넣었다는 걸 보여 드리려고요."

메시가 열한 살 때 할머니는 세상을 떠났다. 여전히 메시는 골을 넣을 때마다 하늘을 향해 집게손가락을 치켜든다. 할머니에게 사랑의 인사를 보내는 것처럼.

내가 땅꼬마라고?

축구 클럽 코치들은 이 어린 천재에게 깊은 인상을 받았다. 메시는 발놀림이 빠르고 가벼우며 드리블과 슛에 모두 능했다. 동시에 경기를 빠르게 읽는 능력까지 탁월했다. 골을 넣기 위해 누구에게 공을 패스해야 할지 정확히 알았다. 그러나 딱 하나, 문제가 있었다. 메시는 다른 아이들처럼 키가 쑥쑥 자라지 않았다.

열 살 때 메시를 진찰한 클럽 전담 의사 말로는, 성장 호르몬 결핍으로 어른이 되어도 평균 키에 한참 못 미칠 거라고 했다. 성장 호르몬이 부족하면 다양한 증상이 생긴다. 영구치가 늦게 나거나, 엄청난 피로감에 시달리거나, 근육이 약해질 수 있다. 성장 호르몬 결핍증은 대략 소아 4,000~10,000명당 한 명꼴로 발생하는 희귀한 질병이다.

메시는 성장 호르몬 없이도 좋은 축구 선수가 될 수 있을 터였다. 그러나 과연 세계 최고가 될 수 있을까? 어쨌거나 그 후로 일주일에 한 번씩 성장 호르몬을 촉진하는 주사를 맞기 시작했다.

> "밤마다 주삿바늘을 다리에 찔러야 했지요. 매일매일, 일주일 내내, 삼 년 동안 그랬어요."

열세 살 무렵에도 메시의 키는 140cm가량으로 또래에 비해 작은 편이었다. 메시의 부모는 맞벌이로 일하고 있었지만 매달 900달러가 훌쩍 넘는 비싼 주사비를 부담하기가 쉽지 않았다. 당시 아르헨티나의 경제는 큰 위기를 겪고 있었다. 메시가 꿈에 한 발짝 다가가려면 치료비를 지원해 줄 후원자가 간절히 필요했다.

그때 마침 메시를 눈여겨본 유럽의 축구팀이 입단 테스트를 권유해 왔다. FC 바르셀로나였다.

대서양을 건너 냅킨 계약서를 쓰기까지

2000년 9월, 축구팀 동료들은 메시가 갑자기 어디로 사라졌는지 궁금해하고 있었다. 어디긴! 그때 메시는 세계 최고의 축구팀 중 하나 인 FC 바르셀로나의 입단 테스트를 받기 위해 에스파냐행 비행기를 탄 채 날아가고 있었다.

FC 바르셀로나 유소년 선수들은 입단 테스트를 받으러 오는 소년 들을 숱하게 보아 왔다. 대부분은 스쳐 가는 아이들이었다. 그러나 메 시는 여러 면에서 꽤나 시선을 끌었다. 과묵하고 붙임성이 없는 데다 키가 유난히 작았기 때문이다.

"난쟁이 같네."

누군가 메시의 등 뒤에서 코웃음을 치고 지나갔다.

그러나 막상 테스트가 시작되자 메시의 활약은 눈부셨다. 당시 경기 장에서 테스트를 받던 메시에 대해 기술 이사는 이렇게 회상했다.

"아직도 잊혀지지 않는 게, 경기장 주변을 걷는 데 보통 삼사 분이면 충분 한 산책이 그날따라 십오 분이나 걸렸다는 겁니다. 왜냐하면 경기장에서 뛰는 메시를 보고 너무나 놀라고 흥분되었거든요. 그의 공, 그의 움직임, 그의 드리블, 그의 비전……. 아이는 멀리서 뛰고 있었지만, 키가 무척 작 아서 한눈에 알아보았습니다.

아무도 나에게 그 애가 메시라는 걸 알려 주지 않았는데도 단박에 알겠더 군요. 그에게는 매우 색다른 자질이 보였습니다. 나는 벤치에 도착하자마 자 거기에 있던 두 코치에게 말했습니다.

'계약서에 서명해요. 다른 생각은 꿈도 꾸지 말고. 누가 뭐라고 하면, 내 결정이었다고 말해요.'라고요."

메시는 섬세한 볼 컨트롤, 기막힌 타이밍, 정확하고 강력한 슈팅으 로 자기만의 경기 방식을 유감없이 펼쳐 냈다. 그 누가 이토록 명징한 시대의 거절할 수 있을까?

그러나 재능 있는 어린 선수가 반드시 좋은 성인 선수가 되리란 보 장은 어디에도 없었다. 거기다 이 소년은 희귀병을 안고 있었다. 치료 를 꾸준히 받는다고 해서 키가 얼마나 더 클까?

대형 클럽에서 어린 선수를 영입해 키워 내는 일이 요즘처럼 흔치 않은 시절이어서, FC 바르셀로나는 어쩌면 실패할지도 모를 어린 선 수와 계약을 맺는 것에 대해 고심에 고심을 거듭했다. 기대 반 의심 반, 설렘 반 회의 반이었다고나 할까?

메시는 두 달이 넘도록 구단의 답변을 기다렸다. 속이 바싹 타 들어 간 나머지, 메시의 아버지는 다른 팀을 알아보겠다는 의사를 전달했 다. 마음이 급해진 구단의 기술 이사가 팔을 걷어붙였다. 홈구장의 식 당에서 냅킨을 펼쳐 이렇게 휘갈긴 것이다.

FC 바르셀로나 스포츠 감독의 책임하에 구단 내 일부의 반대 의견에도 불구하고, 리오넬 메시 선수와 계약을 체결하기로 약속한다.

■ 2000년 12월 14일

그렇게 해서 이듬해 2001년, 메시는 FC 바르셀로나와 첫 번째 정 식 계약을 맺었다. 구단에서는 메시 가족이 이주할 경우에 그 생활비 를 지급하는 한편, 성장 호르몬 주사 비용까지 부담하기로 약속했다. 메시 가족은 모두 함께 에스파냐 바르셀로나로 이주했다.

고독한 이방인이 되다

에스파냐 생활은 생각보다 적응이 쉽지 않았다. 새로운 나라, 새로 운 이웃, 새로운 일상……. 더욱이 메시는 말이 없고 내성적이어서 팀 동료들과 사귀는 데 시간이 한참 걸렸다. 한동안은 부상까지 당해 운 동을 쉬어야 했다. 축구를 위해 모든 것을 포기했는데 드러누워 쉴 수 밖에 없다니!

가족은 모두 향수에 젖어 아르헨티나로 돌아가고 싶어 했지만, 메시 는 꿈을 포기하려 하지 않았다. 결국 어머니와 형제자매는 고국으로

돌아가고 아버지와 둘이 바르셀로나에 남기로 했다.

대형 클럽 청소년 선수로서의 고독한 삶이 본격적으로 시작되었다. 아침 일찍 경기장 맞은편에서 또래 선수들과 차를 타고 학교에 가는 것으로 일과가 시작되었다. 구단은 유소년 선수 중 FC 바르셀로나에서 마지막까지 살아남는 이가 극소수라는 점을 알았기에 학업 역시 중요하게 생각했다.

방과 후에도 유소년 축구팀 선수들은 함께 식사하고 함께 훈련을 받았다. 저녁이 되면 대다수 선수가 클럽하우스에 있는 자신의 방으로 돌아갔으나, 메시는 아버지와 둘이 사는 아파트로 갔다. 집에서는 대부분 혼자 방에 틀어박혀 있었다. 그럴 때면 어머니를 향한 그리움이 북받쳤다.

운동선수로서의 삶을 택한 십 대 청소년에게 외로움은 반드시 따라붙는 문제였다. 훈련이 최우선인 일과를 허덕대며 따라가다 보면, 평범한 학창 생활도, 끈끈한 친구 관계도, 사랑하는 가족과의 일상도 멀어질 수밖에 없었다. 그러니 십 대 시절을 운동 선수로 살아간다는 것은 고달픈 육체적 훈련보다 먼저 시작되는 정신과의 싸움이 더 힘겨운 셈이었다. 오죽하면 십 대 시절 프로 선수를 꿈꾸며 해외로 이주했다가 중도에 포기하고 마는 경우가 왕왕 있을까?

"여러분이 보기에는 제가 아무런 장애도 없이 순탄하게 살아온 것처럼 보이겠지만, 저 또한 많은 것을 포기해 왔고, 또 힘들게 노력해 왔습니다."

다행히 메시는 그 고비를 꿋꿋이 이겨 내고 축구를 향한 변함없는 사랑을 키워 갔다.

FC 바르셀로나와 함께한 십칠 년

메시는 2003년부터 비공식 1군 경기에도 출전하기 시작했다. 점점 더 중요한 역할을 맡게 되면서 어깨가 무거워졌다. 심지어 클럽 내 다섯 개 팀에서 뛸 때도 있었다. 그럴 때면 코치 열 명을 아버지로, 동료 선수 일흔다섯 명을 형제로 여기며 뜨거운 열정을 불태웠다. 바로 곁을 지켜온 아버지조차 메시의 무서운 성장 속도를 감당하기 어려울 정도였다.

아르헨티나를 떠나 유럽으로 건너온 지 사 년이 지난 2004년, 열일곱 살 메시는 FC 바르셀로나 유니폼을 입고 1군으로 데뷔했다. 경기 막바지 82분에 투입된 아주 짤막한 데뷔 무대였으나, 메시는 "이 십 분을 여생 동안 기억할 것"이라며 들뜬 감회를 전했다. 그건 메시를 품은 FC 바르셀로나의 십칠 년 역사가 시작되는 순간이기도 했다.

메시는 FC 바르셀로나에서 17시즌 778회 경기에 출전하면서 672

골을 터뜨렸다. 구단 역대 최다 출장, 최다 득점 기록으로 팀의 상징적 존재가 되었다.

팬들이 가장 눈부신 경기 중 하나로 꼽는 것은 2017년의 '엘 클라시코'이다. 에스파냐 최강의 축구 팀 레알 마드리드 CF와 FC 바르셀로나의 더비 경기인 엘 클라시코는 예로부터 두 지역의 자존심이 걸린 라이벌전으로 손꼽힌다. (마드리드는 에스파냐 중앙 정부의 수도이고, 바르셀로나는 에스파냐에서 분리 독립하기를 열망하는 카탈루냐주의 중심 도시다.) 뿐만 아니라 전 세계 축구 러버들의 가슴을 뛰게 하는 빅 매치이기도 했다.

이날 경기는 2 대 2 동점으로 막 91분에 접어들었다. 꽉 찬 관중석의 분위기는 긴장감으로 팽팽했다. 메시는 이날 전반전 이십 분 만에 얼굴 부상을 입었다. 레알 마드리드의 육탄 방어로 이가 부러져서 출혈이 멈추지 않았다. 그런데도 선수 교체 없이 거즈를 물고 뛰었다. 만일 FC 바르셀로나가 이긴다면 프리메라 리가(에스파냐 프로 축구의 최상위 리그. 세계 4대 프로 축구 리그 가운데 하나로 꼽는다.) 우승까지 노릴 수 있는 상황이었다.

휘슬이 울리자 FC 바르셀로나의 마지막 승부수가 시작되었다. 안드레 고메스가 페널티 구역 왼쪽 호르디 알바에게 공을 올렸다. 호르디 알바는 페널티 구역 안쪽으로 패스! 어느샌가 나타난 등번호 10번 리오넬 메시! 왼발 슈팅! 공은 골대와 골키퍼의 손끝을 지나 깊숙이 꽂혔다. 3 대 2! FC 바르셀로나의 승리였다!

이 골은 메시가 FC 바르셀로나에서 넣은 500번째 골이었다. 프로 통산 500번째 골을 엘 클라시코의 가장 숨막히는 순간에 터뜨리다니……! '축구의 신(메시아)'이라는 별명이 이보다 더 잘 어울릴 수 있을까? 다 자란 메시의 키는 169cm이지만 이제 그에게는 '축구의 신' 또는 '작은 거인'과 같이 우람한 별칭이 따라붙는다.

2021년 8월에 파리 생제르맹 FC로 이적하기까지, 기나긴 세월을 FC 바르셀로나와 함께했다.

에스파냐 정규 리그에서 열 번, 유럽축구연맹^{UEFA} 챔피언스 리그에서 네 번……, 수없이 많은 우승컵을 거머쥐었다. 국가 대표로 158경기를 뛰었고, 2008년 올림픽과 2021년 코파 아메리카에서 고국 아르헨티나를 우승으로 이끌었다. 해마다 최고의 축구 선수에게 수여되는 발롱도르 상은 일곱 번이나 받았다.

메시의 경력은 지금도 여전히 진일보하고 있다. 어쩌면 그의 작은 키는 성공으로 가는 수많은 관문 중 제일 처음 만난 난관이자 열쇠였던 게 아닐까?

은코시 존슨

1989~2001년 · 남아프리카 공화국

여기는 제13회 세계 에이즈 총회 개막식 무대야. 앞으로 내게 살날이 얼마나 남았을까? 일 년? 육 개월? 일주일? 단 하루가 남았더라도 꼭 하고 싶은 이야기가 있어서 이 자리에 섰어.

"환자들과 스치고 끌어안고 입 맞추고 손을 잡는 것만으로 에이즈가 옮는 건 아니에요. 우리를 받아들여 주세요. 우리는 모두 사람이에요. 여러분과 조금도 다르지 않아요. 손이 있고, 발이 있고, 걸을 수 있고, 말할 수 있고……. 여러분처럼 바람이 있어요. 두려워하지 마세요. 우리도 똑같아요!"

아파르트헤이트 속에서 싹튼 전염병

은코시 존슨은 1989년에 남아프리카 공화국의 가장 큰 도시 요하네스버그 근처에서 태어났다. '은코시'는 줄루어(남아프리카 공화국의 공용어 중 하나)로 '지도자'를 뜻한다고 하는데, 어쩌면 은코시의 운명을 예견한 이름일지도 모르겠다. 비록 열두 해뿐인 짧은 생애였지만, 은코시의 삶은 남아프리카 공화국 어린이들의 미래에 엄청난 영향을 미쳤다.

은코시는 태어날 때부터 몸속 면역 체계를 무너뜨리는 무서운 바이러스를 지니고 있었다. 바로 HIV. 이 바이러스는 감염 상태가 심각하면 후천성 면역 결핍증, 즉 '에이즈'를 일으킨다. 우리 몸은 바이러스나 세균처럼 질병의 원인이 되는 '항원'과 맞닥뜨리면 '항체'를 만들어서 싸운다. 하지만 은코시의 몸은 항체 생산 능력이 크게 떨어졌다.

인체 면역 결핍 바이러스 HIV는 성관계나 수혈처럼 직접적인 체액의 감염으로 전파된다. 그런데 놀랍게도 배 속 아기들은 산모로부터 감염되는 경우가 있다. 바로 은코시처럼.

은코시의 어머니는 열아홉 살에 혼자 아이를 낳아 키우기로 결심했다. 일하러 갈 때는 아이를 육아 도우미에게 맡겼다. 그런데 어느 날, 폐결핵에 걸린 은코시를 안고 병원에 달려갔다가 충격적인 사실을 알게 되었다. 자신이 에이즈를 앓고 있을 뿐만 아니라 아들 은코시까지 HIV에 감염되어 있었던 것이다.

남아프리카 공화국은 전 세계에서 HIV의 피해가 가장 크고 심각한 나라다. 왜일까? 여러 가지 원인 가운데 '아파르트헤이트'가 있다. 오랜 세월 남아프리카 공화국을 지배했던 인종 분리 정책, 아파르트헤이트는 백인과 흑인의 생활 구역을 엄격히 나누었다.

은코시 같은 흑인들은 낮은 계급에 속하고, 흑인 전용 거주 구역에 살며, 국민으로서 마땅히 누려야 할 자격을 박탈당했다. 의료 복지 혜택을 받을 수 없는 가난한 흑인 마을은 환락 산업을 주 수입원으로 하고 있어서 엎친 데 덮친 격으로 에이즈가 폭발적으로 퍼져 나갔다.

죽음을 앞둔 엄마의 마지막 선물

은코시의 어머니는 쫓겨나다시피 직장을 나왔다. 평범한 사람들 중에서 에이즈에 대해 잘 아는 경우는 드물었다. 언제, 어떻게 감염되는지는 몰라도 그 치명적인 질병은 누구에게나 공포의 대상이었다. 그래서 감염자들은 죄인 취급을 당했다.

은코시의 어머니는 어린 아들을 데리고 에이즈 환자 돌봄 센터로 향했다. 사회에서 떠밀려 온 에이즈 환자들이 외롭게 죽음을 맞이하는 마지막 쉼터였다.

돌봄 센터에는 수많은 사람이 오갔지만 서로 깊게 정을 나누는 편은 아니었다. 그러나 은코시는 붙임성이 좋은 아기였다. 낯선 방문객의 무릎에 기어 올라 방긋방긋 웃음을 짓곤 했다.

돌봄 센터가 재정 악화로 문을 닫게 되었을 때, 은코시의 어머니는 병세가 위중한 상태였다. 그때 한 자원 활동가가 뜻밖의 제안을 했다. 게일 존슨이라는 백인 여성 자원 활동가였다.

게일 존슨은 부모가 에이즈로 사망한 뒤 고아들의 삶이 얼마나 고통스러운지 잘 알고 있다고 했다. 자신이 은코시를 입양해 돌봐주고 싶다는 뜻을 밝혔다.

은코시의 어머니는 이별만이 자신이 아들에게 줄 수 있는 마지막
선물임을 직감했다. 아들에게 희망을 주고 싶었다. 결국 은코시의 어
머니는 입양에 동의했다.

에이즈에 관한 오해와 진실

은코시는 백인 가족의 일원이 되었다. 집은 요하네스버그의 부자 마
을에 있었는데, 흑인과 백인이 어울려 한 식구가 된 집은 드물었다. 양
어머니 게일은 은코시 모자가 서로 안부를 묻고 지낼 수 있도록 정성
을 다했다. 바라는 건 딱 하나뿐이었다. 양아들 은코시가 건강한 아이
들과 다를 바 없이 평범하게 자신의 삶을 누리는 것. 친구들과 즐겁게
어울려 놀고, 또 학교에 다닐 수 있기를……. 그러나 그런 평범한 인생
을 살기 위해서는 세상과 맞서야 했다.

첫 싸움은 초등학교에 입학하기도 전에 시작되었다. 입학 신청을 했
지만, 학교에서는 은코시를 학생으로 받아들일 수 없다고 선을 그었
다. 은코시가 HIV에 감염되었기에 다른 아이들의 건강을 위협할 수
있다나? 이건 어디까지나 오해였다. HIV는 입맞춤이나 포옹처럼 일상
적인 사교 활동으로는 전파되지 않았다. 당연히 교실에서 함께 수업

을 듣거나, 운동장에서 어울려 논다고 해서 전염되는 게 아니었다.

양어머니는 선선히 물러서지 않았다. 곧바로 학교를 고소했다. 어린이는 누구나 교육받을 권리가 있으며, 두려움과 무지에 빠진 사회로부터 차별받는 희생양이 되어선 안 된다고 주장했다.

이 사건으로 남아프리카 공화국 전체가 들썩대기 시작했다. 그 전까지 HIV 감염자와 에이즈 환자들은 사회의 그늘에 가려져 목소리조차 지워진 존재였다. 아무도 그들의 꿈과 희망에 귀 기울여 본 적이 없었다. 그러나 이제 신문과 라디오, 텔레비전 방송에서 은코시와 인터뷰를 하고 그 목소리를 전국 각지로 실어 날랐다. HIV는 특수한 경로로 전염되는 것이며, HIV 감염자도 학교에 다닐 권리를 똑같이 지녔다고 외쳤다.

그제야 사람들은 HIV가 어떤 경로로 감염되는지 깨닫고 이해하기 시작했다. 우선 HIV(인간 면역 결핍 바이러스)와 에이즈(후천성 면역 결핍증)의 차이부터 알아야 했다. HIV는 바이러스를, 에이즈는 증상을 일컫는 것이었다. 그러니까 이 둘은 엄연히 달랐다.

HIV는 주기적으로 약물 치료를 받으면 잘 통제할 수 있다. 감염자의 정액, 질액, 혈액에 존재하기 때문에 성적인 접촉이나 병원에서 실수로 감염자의 피를 수혈하는 경우에 감염되기도 한다. 하지만 모기로 전파되지는 않는다. 땀과 침 같은 체액으로도 옮기지 않으므로 사실 일상생활에서 전파되는 일은 거의 없다.

세상 사람들의 인식이 바뀌자 남아프리카 공화국 정부의 태도도 달라졌다. 비록 이 년이라는 시간이 걸리긴 했지만, 어린이가 건강 문제로 학교에 다닐 권리를 빼앗겨서는 안 된다는 법안이 통과되었다.

은코시는 HIV 억제제를 사용해 병세를 호전시키면서 학교생활을 해 나갔다. 친구도 많이 사귀었다. 어느새 유명 인사가 된 은코시한테 친구들이 먼저 다가와 서글서글한 표정으로 말을 붙이기도 했다. 심지어 교장 선생님마저 은코시의 다정한 친구가 되어 주었다. 매일 아침 교장실에서 코코아를 함께 마시며 이런저런 이야기를 나눌 정도로!

치유와 성장을 위한 돌봄의 집, 은코시의 안식처

그러던 어느 날, 은코시는 친어머니가 사망했다는 소식을 듣게 되었다. 잠을 자다가 편안히 세상을 떠났다고 했다. 그날 은코시는 한참을 울었다. 그리고 간절한 바람을 하나 품게 되었다. 가난한 에이즈 환자 어머니들이 자녀와 함께 무료로 살 수 있는 집이 있으면 좋겠다고 생각했다. 어느 날 갑자기 고아가 된 자녀가 부랑아가 되지 않도록 마음 편히 머물 수 있는 집이……

은코시는 양어머니의 도움을 받아 자신의 바람에 귀 기울여 줄 사람들을 찾아다녔다. 많은 기부금과 후원금에 힘입어 '은코시의 안식처'가 문을 열었다.

> 우리는 입소자들이 에이즈로 죽는 법이 아니라, 에이즈로 살아가는 법을 배울 수 있게 돕습니다.

■ 은코시의 안식처 홈페이지에서

은코시는 넬슨 만델라 대통령으로부터 축하 전화를 받았다. 넬슨 만델라는 세계 최초의 흑인 대통령이자 아파르트헤이트에 반대했던 위대한 자유의 투사였다. 그리고 무엇보다 은코시가 속 깊이 사랑해 온 마음의 영웅이었다.

"은코시, 너도 나중에 대통령이 되고 싶지 않니?"

만델라의 질문에 은코시는 활짝 웃었다.

"별로요. 대통령이 되면 너무 많은 일을 해야 하잖아요."

만델라는 재미있는 대답이라며 미소 지었다.

사실 은코시는 이미 충분히 많은 일을 하고 있었다.

치료받을 권리는 최소한의 권리다!

세계 에이즈 총회는 에이즈 확산 방지를 위해 연구자들과 정책 입안자들, 사회 운동가들이 모여 정보를 교류하고 생각을 나누는 자리다. 2000년에는 이 총회에서 은코시한테 초청장을 보내, 제13회 세계 에이즈 총회 개막식 연설을 부탁했다.

그 무대에 오르면 일만여 명의 청중과 마주해야 한다. 그 모습은 텔레비전 방송을 통해 머나먼 곳까지 전해질 것이다. 은코시는 심사숙고한 끝에 그 제안을 수락했다. 그러나 막상 무대에 서려니 무슨 이야기를 하면 좋을지 고민이 되었다.

세상에는 이미 HIV 억제제가 나와 있었다. 그런데 값이 무척 비쌌다. 가난한 나라에서는 약 한 번 못 쓰고 죽는 환자가 많았다. 만약 에이즈에 걸린 어머니가 임신 중에 억제제를 투여받았다면, 아마도 은코시는 건강하게 세상에 태어났을 터였다. 매일 수많은 신생아들이 HIV에 감염되는 이 현실을 어떻게 바꾸어야 할까? 은코시는 뼈아픈 질문과 간절한 소망을 담아 연설문을 준비했다.

그날 회의에는 남아프리카 공화국의 새 대통령 타보 음베키도 참석했다. 타보 음베키 대통령은 아프리카에서 에이즈 퇴치가 얼마나 중요한지에 대해 언급하면서 안전한 성 생활만이 해법이라고 말했다.

그러나 은코시는 조금 더 용감한 주장을 펼쳤다. 전 세계인 앞에서 남아프리카 공화국 정부가 자국민을 보호하기 위해 해야 할 역할을 강조했다.

> "저는 정부가 임신한 어머니들에게 AZT(최초의 HIV 치료제)를 무상으로 주었으면 해요. 그렇게 되면 엄마의 병이 아기한테 옮겨지는 걸 막을 수 있어요. 아기들이 너무 일찍 목숨을 잃어요. 저는 동생들이 죽는 걸 바라지 않아요. 그래서 정부가 꼭 이 일을 도와줘야 한다고 생각해요."

청중을 둘러보는 은코시의 얼굴에 진지한 표정이 어렸다. 타보 음베키 대통령은 은코시의 말이 불편했는지 일찌감치 회의장을 나갔다.

하지만 이 연설은 전 세계 사람들을 감동시켰다. 신문과 텔레비전은 HIV와 에이즈로 고통받는 환자 백만 명의 권리를 위해 목소리를 높인 은코시에 대해 앞다투어 보도했다. 이제 남아프리카 공화국의 에이즈 문제는 전 세계인의 주목을 끄는 공개적인 이슈가 되었다.

사실 남아프리카 공화국은, 만델라 대통령 재임 시절에 특허받은 비싼 HIV 억제제 대신 값싼 복제약으로 자국의 어린이 백만 명을 살리려고 하다가 거대 제약 회사들로부터 특허권 침해 소송을 당했다. 하지만 은코시의 연설로 국제 여론은 제약 회사에게 불리하도록 기울었다. 결국 소송은 취하되었다. 이 일은 건강권을 위한 투쟁의 역사에서 기념비적인 사건이 되었다.

작은 몸집으로 거대한 세상을 움직인 아이

그러는 사이, 은코시의 병세가 더욱 악화되었다. 아무리 약을 먹어도 소용이 없었다. 수많은 사람들이 병문안을 와서 건강이 회복되기를 기도해 주었다. 2001년 2월 3일, 은코시는 생일을 맞이했지만 너무 아파서 케이크를 한입 삼킬 힘조차 없었다.

그해 6월 1일, 은코시는 깊은 잠에 빠져들어 두 번 다시 눈을 뜨지 못했다. 그날은 남아프리카 공화국의 어린이날이었다. 그때 은코시 존슨은 불과 열두 살이었다.

남아프리카 공화국 전역에서 은코시를 추모하는 목소리가 울려 퍼졌다. 어린이들은 편지와 함께 인형을 보내 주었다.

어느 소녀는 이렇게 썼다.

> "은코시, 사랑하는 나의 영웅! 마지막까지 온 힘을 다해 싸웠지만 이제 편히 쉴 수 있기를……. 네가 그리울 거야."

넬슨 만델라는 이렇게 말했다.

> "은코시는 크나큰 재난에 대처하는 이들에게 훌륭한 모범이 되어 주었다. 그의 삶은 매우 용감했으며 많은 사람에게 감동을 주었다."

은코시가 세상을 떠난 뒤 '국제 어린이 평화상'이 만들어졌다. 이 상의 별칭은 '어린이들의 노벨상'이다. 어린이·청소년 인권의 현실을 알리고 개선하는 데 기여한 인물에게 주는 상으로, 해마다 노벨 평화상 수상자가 수여한다.

수상자는 자기 몸집보다 훨씬 큰 공을 굴리는 아이의 모습을 형상화한 상패를 받는다. 이 상패에는 은코시의 이름이 적혀 있다. 바로 이 상의 첫번째 수상자, 은코시 존슨을 기리는 뜻에서다.

그래서인지 그 상패를 보고 있으면 지구라는 거대한 구를 움직인 은코시와 여러 어린이 활동가들의 삶이 절로 떠오른다. 은코시가 움직인 공은 무엇일까? 그것은 너무나 묵직하고 거대해서 좀처럼 움직일 줄 모르던 사람들의 편견이 아니었을까? 두려움과 무지에서 비롯

되어 어느새 몸집을 잔뜩 불린 편견!

은코시가 세상을 떠난 후에도 양어머니는 남아프리카 공화국 각지에 '은코시의 안식처'를 설립하고 운영 중이다. 이곳에서는 사회에서 직장을 잃은 어머니들도 새로운 직업을 구할 수 있다. 이곳에 머무는 아이들은 학교 수업이 끝난 뒤 어머니가 기다리는 집으로 돌아온다. 은코시는 자신의 꿈으로 살아남아, 지금도 여전히 세상이라는 구를 열심히 굴리는 중이다.

말랄라 유사프자이

1997년~ · 파키스탄

> "우리는 침묵을 강요당할 때 발언권이 왜 중요한지 비로소 알 수 있어요. 마찬가지로 우리는 총 앞에서 책과 펜이 왜 중요한지 깨닫게 돼요. 펜은 칼보다 강하다는 유명한 말이 있잖아요. 네, 극단주의자들은 정말로 책과 펜을 두려워해요. 그들은 교육을 두려워하거든요."
>
> ■ 2013년 7월 12일 국제 연합 연설문에서

아버지가 지어 준 위험한 이름 '말랄라'

말랄라는 파키스탄 북부 스와트 계곡에 자리 잡은 도시 밍고라에서 태어났다. 아버지는 딸에게 특별한 이름을 지어 주었다. 영국 아프가니스탄 전쟁을 승리로 이끈 소녀 독립운동가 '말랄라이'의 이름을 딴 것이다.

물론 주변에서는 뜯어말렸다. 아이가 자라는 동안 별 탈이 없게 흔하디흔한 이름을 지어 주라고. 하지만 말랄라의 아버지는 자신의 의견을 굽히지 않았다. 삼백 년째 남성의 이름만 적힌 족보에 또박또박 말랄라의 이름을 적었다. 딸이 스스로를 굳세고 소중한 존재로 느끼고 자라길 바랐다.

말랄라의 아버지는 교육 인권 운동을 할 정도로 신념이 뚜렷한 사람이었다.

'여자아이도 남자아이처럼 모두 학교에 다닐 권리가 있다!'

이 당연해 보이는 생각이 왜 신념이 되고 만 것일까? 가난한 국가나 가부장주의 사회에서는 여자아이가 학교에 다니는 것을 이상한 일로 여겼다. 집안일을 도와야 하니까, 결혼을 해야 하니까, 학비를 댈 수 없으니까……. 그래서 여자아이는 학교에 갈 필요가 없다고 여겼다. 더 기막힌 이유도 있었다. 신은 여자아이가 공부하기를 바라지 않는다나? 당시 이슬람 무장 단체 탈레반이 득세하던 파키스탄에는 그런 생각이 널리 퍼져 있었다.

도덕 경찰 '탈레반'의 살벌한 금지 목록

말랄라가 열 살 때의 일이다. 스와트 계곡으로 밀려든 탈레반이 '탈레반식 샤리아'를 공표했다. 이슬람 경전《쿠란》을 극단적으로 해석해 만든 생활 규범이었다. 예를 들면, 종교 음악 말고는 가요건 민요건 클래식이건 그 무엇도 듣지도 말고 연주하지도 말라는 식이었다.

탈레반은 본보기로 스와트 계곡의 유명한 무용수들을 살해해 주검을 공개했다. 스와트 계곡 전통 무용은 지역민의 자랑스런 문화유산이었다. 제아무리 그렇다 할지라도 샤리아에 어긋나니, 신의 뜻에 따라 엄벌에 처한다는 것이었다.

그때부터 턱수염을 짧게 다듬거나, 손톱에 매니큐어만 칠해도 탈레반의 손에 죽어 나가는 일이 생겼다. 무엇보다 샤리아는 여성에게 가혹할 만큼 엄격한 잣대를 들이댔다.

'여자는 외출할 때 머리에서 발까지 부르카로 온몸을 덮어야 한다. 여자는 실외에서 이야기를 할 수 없다. 여자는 남편과 아버지, 형제 외에는 그 어떤 남자도 만날 수 없다. 여자의 모습이 담긴 영상이나 사진이 텔레비전, 신문 또는 책에 실려서는 안 된다. 여자는 베란다에도 모습을 드러내면 안 된다. 여자아이는 학교에 다닐 수 없다.'

이슬람 율법 학자들의 분석에 따르면, 그 어떤 이슬람 율법서에서도 여성 교육을 금지한 예는 없다고 한다. 그렇거나 말거나, 탈레반은 2009년 1월까지 스와트 계곡에 있는 여학교 수백 군데를 파괴했다.

말랄라가 다니던 학교는 서둘러 명판을 내렸다. 이미 폐쇄된 학교로 보이도록 탈레반을 눈속임하기 위해서였다. 여학생들은 더 이상 파란색 교복을 입지 않았다. 그리고 책가방 대신 몸을 감싸는 긴 스카프인 '두파타' 안에다 교과서를 숨겼다.

도시는 온통 공포에 휩싸였다. 무도장과 디브이디 상점들은 자발적으로 문을 닫았다. 점점 더 많은 사람들이 탈레반의 뜻에 따랐다. 탈레

반은 숲과 긴 골짜기를 굽이도는 강물까지도 통제할 기세였다.

여자라서 학교에 갈 수 없다니요?

언론사들은 탈레반의 공포 정치와 인권 탄압, 테러 현장에 촉각을 곤두세웠다. 그 가운데 영국 공영 방송국 BBC 우르두어(파키스탄의 공용어) 지부에서 말랄라 아버지에게 연락을 해 왔다. 아직도 학교에 다니는 여학생이 있다면 BBC 블로그에 글을 연재하도록 다리를 놓아 달라는 것이었다. 과연 누가 목숨을 걸고 BBC 블로그에 글을 쓰려고 한단 말인가? 예상대로 학생들은 아무도 나서지 않았다.

그러자 말랄라가 가명으로 비밀리에 글을 써 보겠다고 했다. 바야흐로 2009년 1월 3일, 말랄라는 '굴 마카이'라는 가명으로 블로그에 글을 게시했다. 그때 말랄라의 나이는 열두 살이었다.

> 어젯밤 탈레반과 군용 헬리콥터가 나오는 악몽을 꾸었다. 탈레반이 우리 골짜기로 쳐들어온 뒤로 자주 꾸는 꿈이다. 엄마가 차려 준 아침을 먹고 학교에 갔다. 탈레반이 여자들이 학교에 다니는 걸 금지했기 때문에 등굣길이 무서웠다. [……] 하굣길에 문득 "죽여 버릴 거야."라는 남자 목소리를 들었다. 하도 겁이 나서 걸음을 빨리했다. 나중에 알고 보니, 그 사람은 휴대폰으로 통화 중이었다.

말랄라는 시시콜콜한 이야기까지 블로그에 죄다 털어놓았다. 탈레반이 케이블 방송을 폐쇄하는 바람에 〈내가 꿈꾸던 왕자님은 나와 결혼하러 올 거야)를 볼 수 없게 되었을 때의 기분, 한밤중에 울리는 총소리를 듣고 잠이 깰 때의 기분, 그리고 금지령을 어기고 몰래 등교할 때의 기분 등을 솔직하고도 담백하게 적어 나갔다.

겨울 방학이 시작될 즈음, 말랄라는 이렇게 글을 썼다.

이번 방학식에는 도통 설레지가 않는다. 자칫하면 학교에 다시 올 수 없다는 것을 알고 있기 때문이다. 하굣길에 다시는 못 볼지 모를 학교를 오랫동안 바라보았다.

전 세계 사람들이 '굴 마카이'의 블로그 일기를 숨 죽여 지켜보았다. 그 얼굴 없는 목소리는 마치 탈레반에게 짓밟힌 모든 여성을 대변하는 듯했다.

일기를 읽는 사람이 많아지자, 말랄라는 더 이상 숨고 싶지 않아졌다. 설사 탈레반 손에 죽는다고 해도, 자신의 존재를 당당히 드러내고 그들의 잘못에 대해 또랑또랑 말하고 싶었다. 그래서 '굴 마카이'가 아

니라 말랄라 자신의 이름으로 세상에 목소리를 내기 시작했다.

파키스탄을 비롯해 세계 각국의 지도자들을 만나는 한편, 텔레비전 인터뷰에서 여자아이들에게 교육이 왜 중요한지에 대해 자신의 생각을 소신 있게 밝혔다. 이는 곧 탈레반의 표적이 된다는 걸 의미했다. 탈레반을 비판하고도 무사했던 사람은 아무도 없었다.

"내가 바로 말랄라!"

2012년 10월 9일, 말랄라는 친구들과 버스를 타고 집으로 향하는 길이었다. 아이들은 하굣길에 떠들썩하게 노래를 부르고 수다를 떨었다. 그런데 말랄라는 사소한 걱정거리에 빠져 있었다.

'이번에는 반에서 일등을 할 수 있을까?'

그 순간 난데없이 버스가 멈춰 서더니 총을 든 남자 둘이 올라탔다. 탈레반이었다. 아이들은 공포에 질려 너나없이 몸을 웅크렸다.

"누가 말랄라냐? 말해. 다 쏠까?"

사나운 눈동자들이 말랄라를 흘끗 봤다. 마침 말랄라만 얼굴을 부르카로 가리지 않았다.

탈레반이 방아쇠를 당겼다. 탄환은 말랄라의 뇌를 스쳐 목과 어깨를 뚫었다. 말랄라의 손이 단짝 모니바의 손을 움켜쥐는가 싶더니 이내 스르르 힘이 풀렸다. 그대로 의식을 잃고 쓰러져 버렸다.

말랄라는 파키스탄의 병원에서 치료를 받다가 영국으로 이송되었다. 수차례 수술을 받고 혼수상태로 사경을 헤맸다. 훗날 말랄라는 그때 꿈속에서 죽은 듯 누워 있는 자신을 향해 너는 아직 죽지 않았다고,

이대로 삶을 포기해서는 안 된다고 수없이 말을 걸었다고 고백했다.

탈레반의 말랄라 저격 사건은 순식간에 전 세계로 퍼져 나갔다.

탈레반은 여성의 교육권을 부르짖는 말랄라의 주장을 깨부수기 위해서 총을 쏘았다. 너무도 잔인무도한 그 행위는 정반대의 결과를 낳았다. 거리로 나선 시위대의 피켓과 티셔츠에, 그리고 온라인 해시태그에 다음과 같은 문구가 적힌 채 파도처럼 너울댔다.

"내가 바로 말랄라다."

그것은 "누가 말랄라냐?"고 묻던 탈레반의 위협에 대한 대답이었다. 그뿐만이 아니었다. 파키스탄의 여성 교육권을 보장하는 법 제정 청원에 이백만 명이 넘는 사람들이 서명을 했다. 결국 파키스탄 의회는 무상 의무 교육 권리 법안을 비준했다. 국가가 5~16세 사이의 어린이·청소년에게 양질의 교육을 제공할 것을 의무화한 셈이다.

하루아침에 세계에서 가장 영향력 있는 인물이 되다

말랄라가 의식을 되찾은 건 거의 기적 같은 일이었다. 하지만 말랄라와 가족들은 파키스탄으로 돌아갈 수 없었다. 낯선 땅 영국 버밍엄에 어렵사리 정착해야 했다.

2013년은 눈코 뜰 새 없이 바쁘게 흘러갔다. 말랄라는 버밍엄의 사립 여학교에 입학했다. 파키스탄과 영국의 문화 격차는 엄청났다. 일단 새 친구들과 농담이 통하지 않았다. 게다가 버밍엄 아이들은 밍고라 아이들처럼 교통 법규를 어기는 일이 절대 없었다. 다시 어린아이가 되어 처음부터 하나하나 새로 배우는 기분이었다.

> 앞으로의 삶에 두 가지 갈림길이 있었다. 조용한 삶을 살거나 내게 주어진 새 삶을 최대한 누려 보는 것. 나는 세상의 모든 소녀가 학교에 다니게 될 날까지 싸움을 계속하기로 결심했다.
>
> ▪ 말랄라 재단 소개글

말랄라는 자신의 뜻을 실천하기 위해 아버지와 함께 '말랄라 재단'을 꾸렸다. 여성의 교육권을 위한 기부금을 모으고 전 세계 교육 활동가들을 지원하는 비영리 단체였다.

7월 12일, 말랄라는 미국 뉴욕에서 생일을 맞았다. 국제 연합에서 연설을 하기로 한 날이었다. 국제 연합은 이날을 기려 '말랄라의 날'로 선포했는데, 말랄라는 "오늘은 자신의 정당한 권리를 요구하는 모든 여성, 모든 소년 소녀들의 날"이라고 응수했다.

이날의 연설은 전 세계에 방송되었다.

> "책과 연필을 치켜들어야 합니다. 세상에 이것만큼 강력한 무기는 없습니다. 한 명의 아이와 한 명의 선생님, 그리고 연필 한 자루가 세상을 바꿀 수 있어요. 교육만이 유일한 해답입니다."

말랄라는 미국 백악관에 가서 버락 오바마 대통령을 만났다. 영국 버킹엄 궁에서 엘리자베스 2세 여왕과 함께 차를 마셨다. 미국 시사

주간지 《타임》은 말랄라를 '세계에서 가장 영향력 있는 100인'으로 꼽은 뒤 표지 인물로 실었다. 자전적 일대기를 정리한 책도 출간했다. 자서전 《나는 말랄라》는 세계적인 베스트셀러가 되었다. 죽음의 문턱을 넘어선 소녀가 일약 국제 스타가 된 것이다.

정작 이슬람 문화권에서는 말랄라를 삐뚜름하게 바라보는 시선이 적지 않았다. 말랄라는 서방 세계가 이슬람 공포를 부추기기 위해 만들어 낸 꼭두각시 인형일 뿐이라나.

아직도 지구 곳곳에는 '비밀 학교'가 존재한다. 재봉 교실로 위장한 채 몰래 공부하면서 언제 들킬지 몰라 공포에 떠는 여자아이들이 실제로 있다. 그들에게는 우직하게 자신의 길을 개척해 낸 말랄라가 희망의 살아 있는 증거가 되지 않을까?

세상 모든 어린이·청소년에게 바치는 노벨 평화상

2014년 어느 날이었다. 말랄라가 학교에서 화학 수업을 듣고 있을 때 선생님이 놀라운 소식을 전했다. "어린이와 청소년에 대한 억압에 맞서는, 모두를 위한 교육권 투쟁"으로 말랄라가 노벨 평화상을 수상하게 되었다는 소식이었다.

노벨 평화상은 세상에서 가장 유명한 상 중 하나다. 수상자는 상금 약 10억 원을 수여받는데, 여기서 중요한 건 그게 아니다. 수상자 대부분은 전 세계가 노벨상 수상자의 목소리에 귀를 기울인다는 데 큰 가치를 둔다. 그만큼 자신의 뜻에 더 많은 사람이 동참하게 되므로 세상을 바꿀 수 있는 동력이 커지는 셈이다.

말랄라는 수상 연설에서 무슨 말을 할지 궁리했다. 가장 중요한 것은 이 연설을 통해 세상 모든 어린이·청소년과 마주한다는 점이었다.

이날 말랄라는 이렇게 말했다.

> "이 상은 저에게만 주어진 것이 아니에요. 세상에서 잊혀져 있지만, 교육을 받고자 하는 어린이 모두에게 주어진 것이지요. 두려움 속에서 평화를 기원하는 어린이 모두에게 주어진 것이고요. 목소리가 없는, 변화를 원하는 어린이 모두에게 주어진 것이에요."

총격 사건이 있고 나서 오 년이 훌쩍 흘렀다. 2018년 3월, 말랄라는 머나먼 귀향길에 올랐다. 헬리콥터를 타고 대규모 보안 요원의 경호를 받으며 고향 밍고라에 도착했다. 파키스탄 대통령과 친척과 친구들……, 그리고 말랄라를 응원하러 나온 오백 명이 넘는 인파에 둘러싸였다. 한 남성 시민은 텔레비전 인터뷰에서 "과거에는 많은 문맹자가 딸들을 학교에 보내지 않았지만 이제 사람들은 더 현명해졌다."며

말랄라의 영향력을 큰 목소리로 전했다.

그러나 무엇보다 말랄라가 감동적으로 추억하는 건 밍고라의 집, 자신의 방 문턱을 다시 넘는 순간이었다고 한다.

말랄라는 영국으로 돌아와 옥스퍼드 대학교에서 정치, 철학, 경제학을 공부하고 2020년에 졸업했다. 언젠가는 파키스탄 총리가 되고 싶다는 꿈을 간직하고 있다.

"어떤 사람들은 저를 탈레반의 총에 맞은 소녀로 기억하지요. 하지만 다른 이들은 저를 향해 이렇게 말해요. 자신의 권리를 위해 싸운 소녀라고."

이제 말랄라 스스로 헤쳐 나갈 미래만이, 말랄라의 운명을 보여 줄 것이다.

보이안 슬랏

1994년~ · 네덜란드

"불가능이란 없어."

물 로켓 213대를 한꺼번에 쏘아 올리겠다는 내 말에, 친구들은 허풍이라고 코웃음을 쳤어. 며칠 뒤, 나는 정말로 그 일을 해냈지. 공대 운동장에다 참 가자 213명을 모집해 물 로켓 동시 발사 이벤트를 벌인 거야. 이로써 나는 한 번에 가장 많은 물 로켓을 발사한 걸로 기네스 세계 기록을 세웠어. 희한 하지? 나는 불가능해 보일수록 더욱더 고집스럽게 매달리게 된다니까?

바다의 참혹한 현실을 목격하다

언제부터 발명을 하게 되었는지, 그 시작을 기억해 내기는 어렵다. 하지만 보이안은 어릴 때부터 뭔가를 만드는 걸 무진장 좋아했다.

나무 조각을 주워다 의자를 만들고, 친구들을 위해 오두막을 짓고, 나무 사이를 오가도록 케이블 장치를 매어 주었다. 그뿐만이 아니었 다. 여러 가지 화학 물질을 구해다 폭죽을 터뜨리기도 했다.

그리고 열여섯 살에 겪은 사건을 계기로 일생일대의 발명 프로젝트에 도전하게 되었다. 원래는 방학을 맞아 그리스 레스보스섬으로 가족 여행을 떠났다.

보이안은 가슴이 콩콩 뛰었다. 지중해의 어류를 맨눈으로 볼 수 있다니! 따스한 파도 속으로 뛰어드는 느낌은 어떨까? 물속 깊이 잠수를 하면 무지갯빛 비늘돔을 볼 수 있을까? 배에 푸른 점이 있는 농어는 해 질 녘에 바다 깊숙이로 사냥을 나설까? 독가시가 달린 작고 빨간 쏠배감펭은? 포식자를 피해 수면 위로 뛰어오르는 날치는?

그러나 막상 바다로 가서 잠수를 했을 때 보이안의 시야를 덮친 건 물고기가 아니었다. 바위틈에서 해초처럼 한들대는 비닐봉지 더미였다.

코끼리 오만 마리의 몸무게를 웃도는 플라스틱 쓰레기

바다에는 비닐봉지, 음료수 병, 빨대, 일회용 기저귀, 드럼통, 양동이 등 온갖 종류의 쓰레기가 떠다녔다. 보이안은 바다 쓰레기 가운데 가장 큰 비중을 차지하는 플라스틱 문제에 깊이 빠져들었다. 학교에서 자유 주제 탐구로 '왜 바닷속 플라스틱 쓰레기는 청소가 불가능한가?'라는 보고서를 썼을 정도다.

> "이상하게도 빨간 플라스틱 조각들은 그리 많이 보이지 않았어요. 새와 다른 동물들이 그걸 먹이로 오인하기 때문이래요. 우리가 버린 플라스틱이 결국 동물들의 배 속으로 들어가는 거예요."

바다를 잠식하는 플라스틱 쓰레기 문제는 꼭 새 속옷에서 달랑대는 라벨 같았다. 그냥 두자니 자꾸 신경이 쓰이고, 잘라 내자니 절단 부분이 다시 까슬까슬하게 피부에 거슬릴 것 같은…….

보이안은 책을 찾아 읽고 인터넷을 검색한 끝에 관련 연구자들을 찾아내 질문을 했다. 한 연구자의 자료에 따르면 바다에 떠다니는 플라스틱 조각은 5조 개에 이르며, 모두 합한 무게는 269,000톤일 거라고 했다. 코끼리 54,000마리의 몸무게와 엇비슷하다나!

이것은 보이안이 고등학생 시절에 접한 통계라고 하니, 아마도 지금은 훨씬 더 늘어나 있을 것이다. (2021년 일본의 연구팀 발표에 따르면, 바다 상층부의 미세 플라스틱 양은 24.4조 개, 무게로 따지면 8.2만~57.8만 톤에 달할 것으로 보이며, 이는 대략적으로 500ml 플라스틱 생수병 300억 개의 무게로 추산된다.) 연구자들은 바닷속 플라스틱 쓰레기를 치우려면 돈이 어마어마하게 들고 시간도 엄청나게 오래 걸릴 것이라고 입을 모았다.

'아니야, 가능할 거야.'

보이안은 남들이 아무리 불가능하다고 해도 시도는 해 봐야 한다고

생각했다. 원래가 이런 방면으로는 쇠고집이었다. 결국 꼬박 일 년이
넘게 궁리를 계속했다. 그러던 어느 날이었다.

'바다의 정화 작용을 돕는 장치를 만들자!'

해류는 일정한 방향으로 흐르는데, 소용돌이 형태로 순환을 한다.
바다 쓰레기는 해류를 따라 떠다니다가 소용돌이 현상을 통해 한데
모이게 된다. 보이안은 소용돌이 길목에다 '플라스틱 회수 장치'를 설
치하면 되겠다고 생각했다. 원통형 튜브에 여과막 역할을 하는 그물
망을 달아 바다에 늘어뜨리는 것이다. 하늘에서 내려다보면 엄청나게
크고 길쭉한 소시지 같으려나? 아무튼 이 장치를 작동하기 위해서는
한 가지 문제를 더 해결해야 했다. 해양 생물들이 회수 장치의 여과막
아래쪽으로 안전하게 지나다닐 수 있게 해야 하니까.

플라스틱 낚시 프로젝트

2012년에 보이안은 TED의 연사로 나서게 되었다. TED는 '세상을
바꾸기 위해 널리 퍼져야 할 아이디어'라는 모토로, 첨단 기술이나 다

양한 분야의 학술 연구, 새로운 예술 프로젝트, 사상가들의 제안 등을 발표하는 강연회다. TED 강연회는 전 세계 각지에서 열리고 있다.

보이안은 이 자리에서 인류가 석기 시대와 청동기 시대를 거쳐 플라스틱 시대를 살아가고 있다는 사실을 일깨우고자 했다.

우리는 지금 군것질거리를 사려고 가게에 가서 비닐 포장지에 담긴 과자를 고른다. 포장지를 뜯으면 플라스틱 용기 속에 또다시 비닐 포장된 과자가 담겨 있다. 그렇게 장을 본 물건들을 또 비닐봉지에 담아서 집으로 가져온다. 플라스틱 안에 플라스틱 안에 플라스틱⋯⋯. 그만큼 플라스틱은 매순간 어디서나 우리 곁에 있다. 그리고 아무렇게나 버려진다!

여기까지 말하고 나서, 자신이 구상하고 있는 거대한 바다 청소 장치에 대해 소개했다. 청중들의 호응은 매우 뜨거웠다. 이후 유튜브로 공개된 강연 영상도 네티즌들로부터 좋은 반응을 얻었다.

보이안의 메일함에는 수십만 통의 이메일이 쏟아져 들어왔다. 바다를 구하는 발명 프로젝트에 동참하고 싶다며 기부를 하겠다는 사람

들, 진지한 조언을 건네며 도움을 주고 싶어 하는 사람들이 보낸 메일
이었다. 기부금은 이 주 만에 무려 1억 원이 넘게 모금되었다.

이 같은 지지에 힘입어 보이안은 대학에 입학해서 첫발을 뗀 항공
우주 공학 공부마저 과감히 중단하고 비영리 단체를 꾸렸다. 이름하
여 '오션 클린업', 말 그대로 바다 정화를 뜻했다.

열아홉 살의 CEO, 난관에 봉착하다

오션 클린업은 공학자와 과학자를 고용하고 자원 활동가를 모집했
다. 보이안은 이제 열아홉 살이었지만 CEO가 되는 데 나이가 걸림돌
이 되지는 않았다. 그 후 오 년여에 걸쳐 바다 청소 장치 모델 273개
를 연구·개발했고, 여기서 여섯 가지 시범 모델이 선정되었다.

마침내 2019년에 첫 번째 실험 '시스템 001'이 민간에 공개되었다.
실험 장소는 하와이와 캘리포니아 사이 태평양을 떠다니는 거대한 쓰
레기 섬! (남한 면적의 열다섯 배에 이른다.) 거기에 3미터 길이의 플라스틱
포획망이 달린 부유 장치를 띄웠다.

과연 오션 클린업은 성공할 것인가? 세상의 이목이 집중되는 가운
데 시스템 001이 조기 철수한다는 김빠지는 소식이 들렸다! 설계 부
실로 망가진 장치에서 플라스틱 쓰레기가 도로 새어 나갔기 때문이
다. 또 해류를 따라 흐르는 건 플라스틱뿐만이 아니었다. 오션 클린업
장치 역시 해류를 따라 흘러가 수거율이 그리 높지 않았다.

이 실험을 지켜본 전문가들의 쓴소리가 곧바로 쏟아졌다.

"투자 비용(플라스틱을 수거하느라 들이는 비용)에 비해 쓰레기 수거량이

보잘것없다."

"플라스틱 쓰레기는 대부분 해저로 가라앉기 때문에 물 위에 떠 있는 바다 청소 장치는 한계가 분명하다."

"잘게 쪼개진 플라스틱 조각은 수거할 수 없으며, 미세 플라스틱이 여과망에 쌓이면 효율이 더 떨어질 뿐이다."

"해양 생물이 여과망에 걸리지 않으리란 법이 없다."

"섣불리 해결책을 제시하는 건 예방책(플라스틱 사용 제한 운동)에 집중하는 걸 막는다."

"태풍처럼 급격한 기상 악화에 대응할 수 없다."

대부분 납득할 만한 지적이었다. 보이안은 이 문제들을 개선하기 위해 바다에서 사무실로 발길을 돌려야 했다.

스무 살짜리가 뭘 알겠냐고요?

오션 클린업은 적은 양이나마 수거된 바다 플라스틱을 재활용하기로 했다. 선글라스, 의자, 휴대폰 케이스, 가방 같은 다양한 상품을 만들어 되팔았다. 거기서 얻은 수익금으로 다시 쓰레기를 수거하는 바다 청소 장치에 대한 연구 개발 비용을 충당했다.

그렇게 보이안의 바다 청소 장치는 진화를 계속했다. 해류의 흐름을 거스르기 위해 낙하산처럼 생긴 감속기를 매달기도 했고, 청소 장치 양 끝에 견인선을 설치하기도 했다.

바다 청소 장치에는 위성 신호를 통해 위치를 알리는 송신기가 장착되어 있었다. 그 덕분에 정기적으로 화물선이 가서 수거된 쓰레기를 실어 옮겼다.

오션 클린업 프로젝트를 진행하는 동안 보이안은 종종 "나이도 어린데 뭘 알겠어?"라는 반응과 마주하곤 했다. 그때마다 이렇게 말하곤 한다.

"(그렇게 뒤에서 깎아내리지만 말고) 무엇이 문제라고 생각하는지 우리에게 자세히 말해 주면 좋겠어요. 그건 정말 큰 도움이 될 테니까요."

보이안이 TED 무대에서 자신의 아이디어를 처음 공개했던 2012년으로부터 많은 시간이 흘렀다. 그사이에 수없는 시행착오가 있었다. 그럴 때마다 세간의 의구심은 끝이 없었다. 오션 클린업 장치로는 전체 해양 플라스틱 쓰레기의 5%도 채 제거하지 못할 거라는 지적이 계속되었다.

오션 클린업은 생각의 방향을 살짝 바꾸었다.

'바다 쓰레기 회수가 어렵다면, 바다로 흘러 들어가는 강의 길목에서 플라스틱을 걸러 내 보는 건 어떨까?'

그래서 강을 정화하는 장치도 고안했다.

보이안은 회의감에 젖은 사람들을 볼 때마다, 도전해 보고 싶다는 열망이 더욱더 거세게 꿈틀대는 걸 느낀다. 아주 어릴 때부터 그랬고, 발명을 계속하는 한 그 마음은 쉽게 꺼지지 않을 것이다.

"1950년대, 1960년대, 1970년대에도 아폴로 달 탐사 계획 같은 거대하고 정신 나간 듯한 우주 프로젝트 열풍이 파도처럼 일었잖아요. 다음 세기에도 생존하려면 우리에게도 그런 미친 생각이 필요하지 않을까요?"

이스턴 라샤펠

1996년~ · 미국

나는 원래 발명할 때 그것이 세상에 어떤 영향을 끼칠지 깊게 생각하는 편은 아니었어. 내게 주어진 문제는 오직 하나. 기계가 작동하느냐, 하지 않느냐 였거든. 만약 작동하지 않으면 해결 방법을 찾기 위해 골몰했지. 그런데 어느 날, 내 발명품이 한 소녀의 삶을 영영 바꾸게 된 거야. 그건 꿈에서도 상상 못 한 놀라운 경험이었어.

기계광 소년, 재미 삼아 '로봇 손'을 만들다!

황야와 아이스하키, 스키로 유명한 미국 콜로라도주. 이스턴 라샤펠 의 이야기는 거기서도 아주 작고 인구가 고작 천사백 명에 불과한 소 도시 맹커스에서 시작된다. 이스턴은 1996년에 이곳에서 태어났다. 마을에는 초등학교부터 고등학교까지 아우르는 학교가 딱 하나 있었 다. 이스턴이 열네 살 때, 같은 반에는 학생이 스물세 명 있었다. 도시 전체를 통틀어 더는 동갑내기가 한 명도 없었다.

이스턴은 레고 조립과 발명을 무척 좋아했다. 학교 선생님들은 교과서를 바탕으로 성실하게 수업을 했지만, 이스턴의 머릿속에는 교과서가 답해 줄 수 없는 수백 가지 질문이 들끓었다. 토스터나 전자레인지는 어떻게 작동할까? 게임기, 라디오, 그리고 각종 주방 가전 속 작은 부품들은 어떤 식으로 연결되어 움직이는 걸까?

불행히도 또래 중에는 이스턴의 관심사에 공감해 주는 친구가 없었다. 학교는 그저 지루하기만 했다. 어서 빨리 자신의 방으로 돌아가 발명 프로젝트에 몰두하고 싶었다. 그 무렵 자기만의 '로봇 손'을 만들고 있었던 것이다.

이스턴에게 로봇은 이 세상에서 가장 멋진 것이었다. 이미 로봇 청소기가 대중화된 때였다. 또 로봇 월드컵 대회인 로보컵 2010에서 로봇 선수 '나우'가 멋지게 활약해 큰 인기를 끌었다.

이스턴은 로봇에 대한 지식이 풍부하지는 않았지만, 교내 과학 기술 경진 대회에 로봇 손을 출품해야겠다고 마음먹었다. 인공 지능이나 프로그래밍에 대해 전문 지식이 있는 건 아니었지만, 날마다 똑같이 반복되는 일상이 너무나 지루했다. 뭔가 새로운 도전이 필요했다.

당시 맹커스에는 공학 관련 지식을 상담해 줄 만한 사람이 없었다. 그래서 인터넷에서 전문가를 찾은 뒤 스카이프로 인터뷰했다. 나이를

인체 공학사회 활을 그은 메고 의수 • 이스턴 라샤플

116

굳이 밝히지 않으면서……. 그런 걸 이해하기에는 너무 어린 거 아니냐는 말을 듣고 싶지는 않았다.

로봇 제작 방법을 배우는 데는 꽤 오랜 시간이 걸렸다. 이스턴은 여덟 달 만에야 로봇 손을 겨우 완성했다. 센서가 달린 장갑을 끼고 손을 움직이면 로봇 손이 그 동작을 똑같이 따라 했다. 로봇 손의 손등은 레고 조각으로, 손가락은 의료용 플라스틱 튜브 조각으로 만들었다. 그런 다음 낚싯줄과 덕테이프로 단단히 고정시켰다. 그리고 무선 모형 비행기 엔진을 동력으로 사용했다. 재료비는 모두 합쳐 300달러. 생일 때마다 받은 용돈을 모은 것이었다.

그때까지만 해도 이스턴은 이 세상에 이처럼 기계의 원리로 움직이는 손을 필요로 하는 사람들이 아주 많다는 사실을 미처 알지 못했다.

"제 발명은 무지무지 단순했어요. 발명하는 게 재미있어서 했을 뿐이거든요. 그러나 머릿속의 발상을 현실 속의 실물로 만든다는 건 굉장한 일이에요. 그 점이 저에게 엄청나게 동기 부여가 되었지요. 저는 '의수'에 대해서는 사실 아무것도 몰랐어요. 누군가에게 꼭 필요한 물건이란 사실을 그때는 알지 못했답니다."

이스턴이 웹사이트에 올린 로봇 손 영상에는 수많은 응원 댓글이 달렸다. 비슷한 발명품에 대한 이야기들도 올라왔다. 직접 로봇 손을 만들고 싶다는 사람도 있었다. 이스턴은 자신이 도움을 받았듯, 다른 사람들에게 보탬이 되고 싶었다. 교육용 영상물을 만들고, 로봇 손을 프로그래밍하는 데 썼던 코드를 웹에 올려 공유했다.

교내 과학 기술 경진 대회에서는 삼등을 했다. 이스턴은 자신의 로봇 손이 아직 만족스럽지 않았다. 생김새는 너무 투박한 데다 무거운 것도 들어 올리지 못했다. 아쉬운 게 한두 가지가 아니었다.

생각으로 조종하는 로봇 팔

이스턴은 두 번째 로봇 손에 도전했다. 이번에는 첫 번째 로봇 손을 만들며 연락했던 지인의 도움으로 3D 프린터를 동원했다. 3D 프린터는 디지털 도면을 사용해 삼차원 물체를 만들어 낸다. 대학생 친구는 이스턴의 아이디어가 재미있다면서 자신이 다니는 회사의 3D 프린터로 손의 형상을 만들어 보내 주었다.

그 덕분에 손가락과 손목의 관절이 섬세하게 구현되었다. 이스턴은 그 위에 사람의 피부처럼 보이는 실리콘을 덧씌웠다. 이제 로봇 손은 사람의 손과 좀 더 닮게 되었다. 하지만 아직 까다로운 숙제가 남아 있었다. 손가락 안쪽을 고정한 낚싯줄이 계속 풀린다는 점이었다.

그때 보석 세공인으로 일하는 어머니가 멋진 아이디어를 보태었다. 부드러운 낚싯줄 대신 나일론으로 마감한 강선을 써 보라는 것이었다. 막상 강선을 써 보니 손이 오므려지기는 하지만 다시 펴지를 못했다.

고민은 계속되었다. 그러다 문득 치아 교정기에 달려 있던 가느다란 고무줄을 떠올렸다. 강선을 써서 주먹을 쥐게 하고 고무줄로 손바닥을 펴게 한다면? 다행히 이번 시도는 성공이었다.

이스턴은 성공에 힘입어 새로운 도전을 시도했다. 손목에서 끝나는 게 아니라 팔과 어깨까지 이르는 의수를 만들기로 했다. 거기다 이 의수는 '생각'으로 직접 제어하게 하고 싶었다!

하지만 돈이 풍족하지 않았다. 가진 거라곤 여름에 잡초를 뽑아 번 푼돈뿐이었다. 무엇보다 돈을 아껴야 했다. 그러자면 머리를 잘 써야 했다. 일단 무선 모형 비행기 엔진을 분해했다. 이 엔진으로 인공 팔이 공을 던지고, 가방을 들고, 하이 파이브를 할 수 있도록 동력을 제공하게 할 참이었다.

그때 마침 '마인드플렉스'라는 장난감이 눈에 띄었다. 마인드플렉스는 뇌파 측정 센서가 탑재된 헤드셋을 쓰고 공을 굴려 다양한 코스를 통과하는 게임이다. 헤드셋을 쓴 사람이 집중력을 높이면 높일수록 장치 속에 있는 팬의 회전 속도가 빨라지면서 공을 제어하기 쉬워진다. 이스턴은 이 신기한 장난감에서 로봇 팔을 제어할 헤드셋 부품들을 선별해 분리했다.

마지막으로 로봇 팔을 섬세하게 프로그래밍하는 작업을 했다. 드디어 이스턴은 생각하는 대로 움직이는 의수를 만드는 데 성공했다. 머릿속으로 손을 폈다가 오므리는 생각을 하자, 실제로 로봇 팔의 손이 퍼졌다가 오므려졌다. 센서 달린 장갑 없이 집중력만으로도 팔을 제어할 수 있게 된 셈이었다. 발명품에 꽤 흡족한 마음이 들자 과학 기술 박람회에 출품해 전 세계 발명가들과 실력을 겨루어 보고 싶은 욕심이 났다.

박람회는 거대한 전시회와 같았다. 이스턴은 로봇 팔을 테이블에 전시했다. 수많은 인파 속에서 어린아이가 걸음을 멈추더니 반짝이는 눈으로 로봇 팔을 가만히 바라보았다. 그 여자아이는 전시물을 요리조리 살피면서 쉬지 않고 질문을 퍼부었다. 문득 이스턴의 시선이 여자아이의 팔에 가닿았다. 아이의 팔이 하나뿐이었다. 다른 팔은 의수였다. 의수 끝에는 오므렸다 폈다 할 수 있는 갈고리가 달려 있었다.

그때가 이스턴이 처음으로 의수를 쓰는 사람을 만나는 순간이었다. 그 만남은 이스턴의 미래를 확 바꾸었다.

로봇 팔, 대통령과 악수를 나누다!

아이 부모님과 이야기를 나누어 보니, 의수 비용에서 수술비까지 다 합치면 80,000달러가 넘었다. 더구나 아이의 몸이 자라는 중이어서 치수가 다른 의수를 계속 새로 사야 했다.

이스턴은 시끌벅적한 소음 속에서 자신의 로봇 팔을 물끄러미 바라보았다. 거기 들어간 돈은 다해야 약 500달러였다. 하지만 아이가 사용하던 값비싼 의수보다 기능이 훨씬 더 다양했다. 어쩌면 이 발명품으로 사람들에게 꽤 이로운 일을 할 수 있지 않을까? 이러한 깨달음은 박람회의 과학 기술 경진 대회에서 이등을 한 것보다 더 값진 선물이었다.

그때부터 팔다리가 필요한 사람들을 위해 더 나은 의수를 개발하는 데 몰두했다. 그의 방은 이제 침실이라기보다 공장처럼 보였다. 도면을 스케치하고 프로그래밍 코드를 작성할 때 앉는 책상과 드릴이나 톱을 사용하는 작업대가 대부분의 자리를 차지했다. 게다가 3D 프린터 두 대가 쉬지 않고 온종일 돌아갔다. 첫 번째 3D 프린터는 가격의 절반을 낸다는 조건으로 어머니와 아버지에게 열여섯 살 생일 선물로 받은 것이었다.

웬만한 어른 공학자들보다 명석한 십 대 공학도에 관한 소문은 미국 전역으로 퍼져 나갔다. 급기야 오바마 대통령의 초청으로 몇몇 청년 발명가들과 함께 워싱턴 백악관을 방문하게 되었다. 이스턴은 악수를 청하는 대통령의 손을 의수로 맞잡았다.

여름 방학에는 미국 항공 우주국NASA의 프로젝트 인턴으로 일했다. 우주에서 원격으로 조종하는 로봇을 개발하는 일이었다. 그해는 유난히 바빴다. 3D 기술과 애니매트로닉스에 관한 대규모 학술 대회에 참석해 발표도 했다. 애니매트로닉스는 영화 속 특수 효과에 쓰이는 로봇 기술로, 로봇에 실물처럼 생생해 보이는 캐릭터의 탈을 씌운 다음 컴퓨터로 조종해 표현하는 움직임을 촬영한다.

로봇을 개발하는 데 시간을 몽땅 쏟아붓는 동안 중요한 선택의 시간이 다가왔다. 고등학교를 졸업하고 공부를 더 할지, 아니면 창업을 할지 정해야 했다. 바로 그때 백만장자 토니 로빈스가 이스턴에게 러브콜을 보냈다. 3D 기술과 인공 지능을 써서 저렴한 의수를 만드는 기업을 세워 보자는 것이었다.

> "대학교에 가지 않기로 한 건 큰 결정이었어요. 대부분의 청소년은 대학에 진학하잖아요. 그러나 저희 부모님은 제가 로봇에 진심이라는 걸 이해하셨어요. 두 분은 제가 무엇을 결정하든 지지하셨지요."

페이스북의 마크 저커버그, 마이크로소프트의 빌 게이츠, 애플의 스티브 잡스……. 다들 일찌감치 대학을 관두고 꿈의 전선으로 뛰어들지 않았던가?

이스턴은 열일곱 살이었지만 회사를 차리기로 마음먹었다. 그리고 열여덟 살이 되던 해 '언리미티드 투모로우'라는 이름을 내건 회사의 CEO가 되었다. 곧 좁아터진 침실 공장에서 벗어나 진짜 작업실을 얻게 되었다. 거기에는 컴퓨터와 엔진, 볼트, 너트를 모두 펼쳐 두어도 될 만큼 넉넉한 자리가 마련되었다.

이스턴은 사람의 뇌와 근육에 대해서도 본격적으로 공부해 나갔다. 손이 없는 사람들을 인터뷰하면서 무엇을 가장 불편해하는지 알아내었다. 시간이 흐르면서 직원 수가 점점 늘어났고, 세계 제일의 컴퓨터

기업들로부터 협력 제안을 받았다.

기적을 만드는 연료, 호기심

그러던 어느 날, 이스턴은 '모모'라는 아이를 알게 되었다. 모모는 아홉 살이었는데, 태어날 때부터 오른팔이 없었다. 모모의 꿈은 손가락까지 움직이는 의수를 갖는 것이었다. 한 손으로도 수영을 하고 신발 끈을 묶을 수 있었지만, 양손이 있다면 더 쉽게 할 수 있을 터였다.

이스턴은 모모를 돕기로 했다. 돈을 많이 들이지 않고도 여러 가지 일을 할 수 있는 최고의 의수를 만들어 주고 싶었다. 우선 모모의 왼팔을 촬영한 다음, 그 영상을 컴퓨터에 스캔해 이미지를 좌우로 뒤집었다. 그러자 왼팔과 똑같은 모양을 한 오른팔의 도면이 완성되었다. 이제 이 작은 팔이 수행할 역할에 대해 고민할 차례였다.

의수는 무겁지 않으면서도 무거운 것을 들 수 있어야 했다. 한 손가락으로 뭔가를 가리킬 수 있게 손가락이 각각 따로 움직여야 했다. 로봇 팔이 물컵을 잡은 뒤 입까지 부드럽게 들어 올릴 수 있어야 했다.

그런 동작을 무리 없이 할 수 있도록 적당한 힘을 계산해서 부여하는 게 가장 어려웠다. 힘이 부족하면 잔을 들 수가 없고, 힘이 넘치면

물도 같이 흘러넘쳤다. 다른 쪽 손톱에 매니큐어를 칠할 수 있을 만큼 동작을 섬세하게 조절하는 작업이 필요했다.

　모모의 의수를 완성하는 데 일 년 반이 걸렸다. 이스턴은 모모를 만나 의수를 건넬 생각에 무척 기뻤으나, 한편으로는 마음이 초조하기도 했다. 모모가 원하는 의수를 성공적으로 만들어 낸 것인지 걱정스러워서였다.

　마침내 모모가 이스턴의 사무실로 방문하는 날이 되었다. 이스턴은 '모모'라는 금속 이름표가 붙은 플라스틱 상자의 뚜껑을 열었다. 그 상자에서 모모의 팔과 거의 똑같이 생긴 팔을 꺼냈다. 이스턴과 동료들은 모모의 위팔에 조심스럽게 의수를 달았다.

　그러자 모모의 의수가 작동했다! 이스턴은 너무나 기쁜 나머지, 마음이 뭉클해지면서 눈에 눈물이 고였다. 기쁨에 찬 모모가 주먹을 쥐고 의수를 들어 올린 뒤 이스턴의 주먹과 맞댔다. 엄지와 검지로 동그라미를 만들어 오케이 사인을 하고 두 손을 모아 하트를 만들었다. 그리고 프로젝트에 참여한 사람들 모두와 차례로 하이 파이브를 했다.

　모모의 의수는 위팔 근육에 부착된 전극으로 제어한다. 근육은 뇌가 보내는 신호에 따라 움직인다. 그래서 의수를 열심히 쓰면 쓸수록 뇌가 근육으로 보내는 신호를 더 잘 이해하게 된다.

　"이건 기적이에요, 저에게 팔이 생기다니. 다른 사람들에게도 저와 같은 기회가 주어지면 좋겠어요."

　이스턴 역시 모모가 말한 대로 되기를 꿈꾸게 되었다.

　이 세상에는 팔다리 중 일부가 없는 사람이 약 사천만 명에 이른다고 한다. 이스턴의 다음 목표는 형편이 어려운 사람들에게 무료로 의수를 만들어 줄 수 있도록 자금을 마련하는 것이다.

손에 힘이 없는 사람들이 유리잔을 들 수 있게 도와주는 장갑을 발명하고 싶었다. 옛 학교 친구가 자동차 사고로 몸이 마비되었다는 소식을 듣고는 옷 속에 장착하는 인공 뼈대를 발명하고 싶다는 생각도 했다. 언제 완성할지는 이스턴 자신도 알 수 없었지만.

다만 이스턴은 자기를 움직이는 연료가 '호기심'이라는 것을 알 뿐이었다.

> "호기심은 우리 모두에게 있어요. 그리고 그 호기심으로 세상은 돌아가지요. 저는 여러분이 언제나 호기심을 갖기를, 그리고 주변 상황이 여러분을 방해하지 않기를 간절히 바랍니다."

과연 이스턴에게 호기심이 없었더라면 모모를 도울 수 있었을까? 만약 호기심이 없었다면 어른이 되어서도 이토록 재미있는 발명을 계속하지 못했을지도 모른다.

이스턴은 미래에 대해 조언을 구하는 십 대들에게 한 마디를 꼭 보탠다.

> "좋은 일을 하세요, 그러면 좋은 일이 있을 거예요!"

리처드 투레레

2000년~ • 케냐

사바나의 새벽, 평원에서 한가로이 풀을 뜯는 소처럼 평화로운 장면이 또 있을까? 전설에 따르면, 신은 하늘에서 땅으로 긴 다리를 드리우고서 최초의 마사이인에게 이렇게 말했대. 목초지를 일구어 소 떼를 데려가라! 그래서 우리 마사이족은 소를 소중한 동반자로 여기지. 잠깐! 봤어? 풀숲에서 번쩍이는 눈동자들! 굶주린 암사자 두 마리야! 놈들의 송곳니가 한순간에 황소의 양편으로 번개처럼 내리꽂혔잖아! 황소는 제대로 저항하지도 못한 채 맥없이 쓰러졌지…….

소 떼를 둘러싼 수백 년간의 갈등

마사이족은 원래 소 떼에게 먹일 풀과 물을 찾아 이곳저곳으로 떠돌아다니는 유목 민족이었다. 그런데 언젠가부터 유목 생활의 터전이 되었던 광활한 땅이 건설 부지나 야생 동물 보호 구역, 또는 국립 공원으로 지정되었다. 결국 오래된 삶의 방식을 버리고 정착 생활을 할 수밖에 없게 되었다.

그래도 마사이 사람들에게는 여전히 소가 가장 귀중한 자산이었다.

소를 얼마나 많이 거느렸는지에 따라 그 집의 부유한 정도를 가늠했다. 우유가 주요한 식량원이었기에 더욱더 그랬다.

초원에서 마을로 삶의 터전이 바뀌었지만 소를 공격하는 포식자와 싸워야 하는 건 지금도 마찬가지다. 여섯 살에서 아홉 살까지의 마사이 소년들은 아버지의 소를 지키는 임무를 맡아야 했다. 리처드도 소를 공격하는 사자들을 사냥하기 위해 친구들과 함께 창을 들고 평원으로 나가곤 했다.

사자는 마사이족 소 떼에게 가장 큰 적이었다. 리처드네 집 소도 사자에게 잡아먹힌 적이 있었다. 그때의 슬픔은 이루 다 말할 수 없었다. 그때 리처드네 집에는 소가 딱 한 마리밖에 없었기 때문이다.

리처드는 사자들의 소 떼 사냥을 수도 없이 목격했는데, 어느 날 문득 이런 의문이 마음속 깊이 또아리를 틀었다.

'마사이족에게 사자는 꼭 퇴치해야 할 대상일까? 공존할 수는 없는 걸까?'

먹이 사슬에는 포식자가 필요하다. 풀은 소에게 뜯어 먹히고, 소는 사자에게 잡아먹힌다. 만일 사자가 없다면, 소가 너무 많아져서 다른 동물이 먹을 풀이 부족해진다. 말하자면 먹이 사슬이 파괴되는 것이다.

마사이 사람들은 대부분 관광업에 종사한다. 관광객들은 사바나에 오면 웃돈을 주고서라도 사자를 한번 보고 싶어 한다. 사자가 멸종되면 마사이 사람들의 관광 수익이 그만큼 줄어들게 된다.

게다가 1977년부터 케냐는 야생 동물 보호를 위해 법으로 사자 사냥을 금지하고 있었다. 해가 갈수록 사자가 줄어들었기 때문이다. 이런 추세라면 2040년에는 케냐에 사자가 한 마리도 남아 있지 않을지도 모른다고 했다. 전통적으로 마사이족은 맨손으로 사자를 사냥하는 것을 용맹한 일로 여겼다. 하지만 이제는 범죄 행위가 되는 셈이었다.

그런데도 생존을 위해서 사냥을 계속해야 하다니, 이보다 더한 딜레마가 어디 있을까?

얕은 꾀로는 똑똑한 맹수를 속일 수 없다

리처드는 무모한 사냥 대신 평화로운 대안을 찾고 싶었다. 맨 처음 떠올린 방법은 불을 이용하는 것이었다. 사람들은 사자가 불을 두려워한다고 믿었다.

막상 불을 사용해 보니 상황이 더 나빠졌다. 불빛 때문에 사자들이 울타리 안쪽의 사냥감을 더 쉽게 알아보았다. 리처드는 다른 꾀를 내보았다. 허수아비를 만들어 헐렁한 옷을 입혀 두는 것!

사자들은 생각보다 더 똑똑했다. 첫날에는 멀리서 허수아비를 보고 물러났지만, 그다음 날에는 허수아비가 움직이지 않는다는 사실을 알아채고서 또다시 소를 공격했다.

　그러던 어느 날 밤이었다. 리처드는 횃불로 어둔 길을 비추며 목초지를 순찰하다가 새로운 아이디어를 떠올렸다. 목초지를 여러 바퀴 돌았으나 사자가 한 마리도 다가오지 않았다. 옳거니, 사자는 움직이는 빛을 경계했다! 그렇다면 움직이는 빛을 만들어 내야 했다.

　리처드는 본래 호기심이 많았다. 한번은 어머니의 새 라디오가 너무나 신기해서 분해를 했다가 엄청나게 혼이 나기도 했다. 하지만 기계의 작동 원리를 깨치고, 그것을 적용해 새로운 기계를 만드는 일은 늘 재미있었다.

　이번에는 움직이는 빛을 내는 기계를 만들어 보기로 했다. 먼저 오래된 자동차 배터리를 구했다. 그러고는 고물상에 가서 방향 지시등(자동차나 오토바이의 회전 방향을 표시하는 깜박이 등)을 제어하는 전자 장치와 전류를 차단할 수 있는 스위치, 불을 밝히는 손전등 전구를 샀다.

　그런 다음 외양간 울타리 기둥에 손전등의 전구를 매달았다. 그런데 문제는 이곳까지 전기가 들어오지 않는다는 거였다. 결국엔 태양 전지판을 달아서 자동차 배터리를 충전한 뒤 불을 켜는 방법을 택했다.

마침내 모든 부품이 연결되었다. 비야흐로 울타리 기둥마다 불빛이 깜박였다.

리처드는 전구와 연결된 스위치를 올렸다. 새카만 하늘 아래, 사람의 손길 없이 불빛이 절로 반짝거렸다. 아니나 다를까, 그날 밤에는 사자가 끝까지 나타나지 않았다.

> "사자들은 사람이 손전등을 들고 목초지를 돌아다닌다고 생각했을 거예요. 하지만 그때 저는 침대에 누워 자고 있었지요."
>
> ■ TED 강연 〈사자들과 화해하게 해 준 나의 발명품〉에서

그 후 리처드네 집은 사자 때문에 골머리를 썩는 일이 완전히 사라졌다.

소몰이꾼에서 유명 인사로

이웃집 할머니가 사자를 쫓는 조명 장치를 설치해 줄 수 있는지 물

었다. 그다음에는 마을의 일곱 가구로부터 같은 부탁을 받았다. 조명 장치에 대한 소문은 발 달린 말처럼 널리널리 퍼져 나갔다.

이윽고 케냐 전역에 리처드의 발명품이 전해졌다. 알고 보니 리처드의 조명 장치는 사자만 쫓아내는 게 아니었다. 무시로 인가로 침입해 채소밭과 울타리, 헛간을 마구 짓밟던 하이에나, 표범, 코끼리 같은 야생 동물을 모두 막아 냈다.

삽시간에 리처드는 유명 인사가 되었다. 거기다 케냐에서 최고의 학교로 꼽히는 브룩하우스 국제 학교에 장학생으로 입학했다.

그뿐만이 아니었다. 열세 살이 되던 해 어느 날, 대서양 건너 미국에서 강연을 부탁받았다. 불과 몇 년 전까지만 해도 인적이 드문 사바나 초원의 작은 마을 밖으로는 나가 본 적이 없었는데…….

먼 하늘을 날아가는 비행기를 볼 때면 언젠가는 꼭 여행을 떠나고 싶다고 생각했다. 항공기 기술자가 되든, 조종사가 되든, 비행기를 반드시 가까이에서 보고야 말겠다고 다짐하기도 했다. 그런데 이제 실제로 비행기를 타게 되었다.

지구 반대편으로의 긴 비행 끝에 리처드는 캘리포니아 롱비치에 마련된 강연 무대에 섰다. 화려한 조명 아래 천사백여 명의 관중들을 마주하고 사자를 쫓아내는 조명 장치에 관해 이야기했다.

칠 분이라는 짧은 듯하면서도 긴 시간 내내, 청중들은 서툰 영어 발음으로 전하는 리처드의 말 한마디 한마디에 귀를 기울였다. 리처드가 미소를 지을 때마다 청중들 역시 웃음으로 화답했다. 리처드의 연설이 끝나자 청중들은 기립 박수로 환호했다.

아프리카 대륙에서는 여전히 많은 사람들이 야생 동물과의 갈등을 안고 살아간다. 리처드의 발명품은 사자가 미래에 멸종하지 않고 안전하게 함께 살아갈 수 있는 해결책 중 하나이다.

> "저는 사자를 싫어했어요. 하지만 우리 집 소를 구하기 위해 만든 발명품 덕분에 더는 갈등 없이 더불어 살아갈 수 있게 되었지요."
>
> ▪ TED 강연에서

이제 리처드는 학교 친구들과 함께 맹수의 공격으로 피해를 입는 가정을 방문하고 있다. 조명 장치를 설치하고 사용법을 가르쳐 주면, 사람들의 얼굴에는 안도의 빛과 함께 웃음꽃이 핀다.

멜라티 & 이사벨 위즌

2000년~, 2002년~ • 인도네시아

"요즘은 점점 더 많은 십 대들이 사회 운동의 최전선에 서고 있지요. 학교를 결석하고, 성명서를 만들고, 시위를 조직하고, 정부와 기업을 법정에 세웁니다. 하지만 '체인지 메이커'는 버킷 리스트처럼 아무나 달성하는 게 아닙니다. 이건 그냥 벌어지는 일이에요. 여러분을 움직이게 하지요."

▪ 멜라티 위즌, TED 인터뷰 〈젊은 체인지 메이커를 위한 지침〉에서

'신들의 섬'은 어쩌다 쓰레기장이 되었나?

멜라티와 이사벨의 부모님은 배로 인도네시아 군도를 항해하며 생계를 꾸렸다. 그 덕분에 자매는 일만 칠천 개에 이르는 인도네시아의 섬들을 누비며 자랐다. 비가 내리면 빗속에서 온 가족이 함께 춤을 추었다. 얼굴이 진흙으로 범벅이 되어도 상관하지 않았다.

아버지는 종종 인간과 자연에 관한 이야기를 들려주었다. 그 이야기들은 자매에게 눈앞에 닥친 어려움 대신 저 너머의 가능성을 보는 상

상력을 일깨웠다.

멜라티와 이사벨은 자신들을 둘러싼 자연을 사랑했다. 울창한 밀림에는 탐스러운 열매가 주렁주렁 열려 있었다. 섬 한가운데에는 활화산이 숨을 쉬었고, 골짜기 아래에는 초록빛 논이 널따랗게 펼쳐져 있었다. 산과 들은 온통 열대 지방의 꽃으로 뒤덮여 있었으며, 해안을 따라 파도가 하얗게 밀려왔다가 산산이 부서졌다.

너무나 아름다워 신들의 섬이라고까지 불리던 발리……. 그런데 언제인가부터 '쓰레기 섬'이라는 오명을 얻게 되었다. 특히나 우기는 그야말로 최악이었다. 해류를 타고 온 비닐봉지 때문에 수영은 꿈조차 꿀 수 없었다. 잠수부들은 바다 쓰레기 때문에 물속에서 앞을 분간하기가 어렵다고 했다.

문제는 쓰레기 처리장이 충분치 않다는 것이었다. 쓰레기의 상당량은 바다로 흘러 들어간다. 비닐봉지가 풍화되려면 약 이십 년이 걸린다. 풍화가 되어도 사라지는 게 아니라 수만 개의 작디작은 미세 플라스틱 입자로 쪼개져 수백 년간 지구를 떠돌게 된다.

'잘 가, 비닐봉지!' 캠페인을 시작하다

어느 날 오후, 멜라티와 이사벨은 거실의 소파에 앉아 이야기를 나누었다.

"언제까지 이렇게 쓰레기 더미 속에서 살아야 하지?"

이사벨의 말에 멜라티가 대꾸했다.

"발리에 미래가 있기를 바라? 그럼 이대로 가만히 있어서는 안 돼."

그 당시 열두 살이던 멜라티와 열 살이던 이사벨은 둘 다 '녹색 학교'에 다니고 있었다. 학교에서는 종종 지속 가능한 지구에 대한 인간의 책무를 가르쳤다.

그렇다면 둘이 힘을 합쳐 지금 당장 시작할 수 있는 일이 있을까?

"발리에서 쓰레기를 싹 다 치워 버리면 좋겠어."

이사벨의 말은 몹시 거창하고 추상적이었다. 멜라티는 보다 명확한 목표가 필요하다는 생각이 들었다.

"발리에서 비닐봉지 사용을 완전히 금지한다면?"

어쩌면 비닐봉지 하나로 사람들의 마음에 환경 보호에 관한 관심을 싹 틔울 수 있을지도……? 멜라티와 이사벨은 단순명료한 이름을 내걸고 캠페인을 벌이기로 했다. 일명 '잘 가, 비닐봉지!'였다.

일단 친한 친구들을 불러다 이 캠페인의 목적을 설명했다. 그 결과, 여섯 명이 참여 의사를 밝혔다. 여덟 명의 활동가라니! 시작이 나쁘지 않았다. 먼저 마을을 한 군데 정한 뒤 캠페인에 도전하기로 했다. 마을 주민이 모두 합해 팔백 명인 페레레난이 가장 적합해 보였다.

여덟 명의 활동가는 학교들을 차례로 방문해 플라스틱이 자연 환경에 어떤 영향을 미치는지 자세히 알렸다. 시장과 축제가 열리는 곳마다 찾아다니며 종이봉투와 천 가방을 장바구니로 사용하도록 권했다. 해변으로는 청소 봉사를 나갔다. 그곳에서 마주친 사람들에게도 '잘 가, 비닐봉지 캠페인'을 소개했다.

조금씩 변화가 일어나기 시작했다. 마을 주민 가운데 3분의 2에 해당하는 사람들이 정말로 종이봉투나 천 가방을 사용하기 시작했다. 깨달음을 통해 습관을 바꾸는 일이 실제로 가능했던 것이다.

일만 명에게 비닐봉지 사용 금지 청원 서명을 받다

멜라티와 이사벨은 그다음 단계로 비닐봉지 사용을 금지하도록 법률을 청원하는 서명을 받기로 했다. 만약 백만 인에게 서명을 받는다면, 정치인들도 결코 무시하지 못할 것이다. 하지만 백만이라……, 발리에 그 정도 인구가 살고 있기나 한 걸까?

그래서 한 가지 묘안을 짜내었다. 변화를 이끌어 내려면 창의적이어야 했다. 해마다 천육백만 명이 비행기로 발리를 오간다는 사실을 떠올렸다. 발리 국제 공항에서라면 서명을 받기가 한결 수월하지 않을까?

이번에는 공항 측의 정식 허가를 받아야 한다는 현실이 걸림돌이 되었다. 여덟 명의 활동가는 공항 보안 담당 사무실 문을 두드렸다. 그런데 담당자를 만나는 건 생각처럼 쉽지 않았다. 며칠째 허탕만 치다가 겨우겨우 부서 책임자를 만날 수 있었다. 그는 멜라티와 이사벨의 계획을 찬찬히 듣고는 다행히 고개를 끄덕였다.

"나도 내가 이런 말을 하고 있다는 게 믿기지 않지만, 여러분을 보안 검색대 너머로 들여보내 주지요."

자매는 말이 떨어지기 무섭게 바로 보안 검색대로 향했다. 처음 삼십 분 만에 천여 명의 서명을 받았다. 웹사이트에도 전자 서명 페이지를 마련했다. 마침내 만 명이 훌쩍 넘는 사람들에게 서명을 받기에 이르렀다.

다음은 주지사를 만날 차례였다. 멜라티와 이사벨은 생각만으로도 가슴이 콩닥콩닥 뛰었다.

비폭력 투쟁으로 결정타를!

기성 세대의 공고한 권력에 도전할 때 가장 중요한 건 인내심이다. 멜라티와 이사벨은 주지사를 직접 만나 비닐봉지 사용 금지 법안을 청원하기 위해서 받은 서명 자료를 제출하려 했다. 그러나 발리 주지사는 눈과 귀를 닫은 채 한동안 아무런 응답이 없었다.

> "매우 흥미로워요. 정치인과 춤추는 건 계속해서 앞으로 세 걸음 딛고, 뒤로 두 걸음 빼는 것과 같거든요. 거의 차차 춤과 비슷하지요."

그때 마침 멜라티의 머릿속에 번뜩 떠오르는 사람이 있었다. 바로 '마하트마 간디'였다. 비폭력 저항 운동으로 인도 민중의 목소리를 세계에 전한 인물이었다. 그는 사회 빈곤층을 가혹하게 대우하는 영국 식민 정부에 대한 항의로 엿새 동안 아무것도 먹지 않았다.

"우리도 단식 투쟁에 들어갈 거예요."

멜라티가 이렇게 말했을 때, 부모님은 이 계획을 전혀 반기지 않았

다. 그러나 멜라티와 이사벨은 포기할 수 없었다. 비닐봉지 사용 금지 캠페인을 시작한 지 어느덧 일 년 반이 지나 있었다. 주지사와의 만남은 이 프로젝트의 결정타가 되어 줄 것이 분명했다.

바야흐로 단식 투쟁 첫날이 지났다. 멜라티와 이사벨 자매의 소식은 소셜 미디어를 통해 전 세계로 빠르게 퍼져 나갔다.

다음 날 아침, 녹색 학교에서 보낸 자동차가 들이닥쳐 자매를 주지사에게 데려갔다. 주지사는 비닐봉지 사용 금지 캠페인에 공감을 표하며, 대체품 사용을 위해 정부로부터 지원을 받아 내기로 약속했다.

각계각층의 지지자를 얻는 일은 꼭 필요했다. 무슨무슨 협회, 어디어디 교수, 그리고 유명 정치인과 예술인 등……. 그 후 멜라티와 이사벨은 각종 단체와 협력해 꾸준히 목소리를 높였다. 인도네시아 정부는 2025년까지 해양 쓰레기를 70% 줄이기 위해 10억 달러(약 1조 1,900억 원)를 쓰겠다고 공표했다.

2019년, 드디어 발리에서 플라스틱 포장재 사용이 완전히 금지되었다. 캠페인을 시작한 지 육 년 만에 이룬 쾌거였다.

환경 운동 지도자가 되기를 꿈꾸는 청소년들에게

위즌 자매는 환경 운동 지도자가 되기를 꿈꾸는 청소년들에게 이렇게 당부한다. 첫 번째는 자기 자신을, 그리고 함께하는 친구들을 신뢰하라. 두 번째는 자기 안의 열정을 찾아서 밖으로 끄집어내라. 그다음에는 이것저것 따지지 말고 일단 실행에 옮길 것!

> "단번에 할 수 있는 일을 찾는다면 더 쉽겠지만, 그럴 수 없다면 현실적인 목표를 가지고 무리 없는 속도로 한 걸음 한 걸음 나아가는 게 중요해요. 우리는 우리가 사는 도시에서 비닐봉지를 없애는 캠페인으로 첫발을 뗐어요. 이를 기반으로 성장했고요."

멜라티와 이사벨은 하루 일과를 마친 뒤, 종종 먹거리를 바구니에 꾸려 집 근처 바닷가를 찾곤 한다. 어머니, 아버지와 함께 바닷가에 둘러앉아 석양을 바라볼 때면, 자신들이 이루고 싶었던 꿈이 다시 떠오른다. 신들의 섬은 미래 세대를 위해 안전하게 보존되어야 한다는 바람이…….

코이 매시스

2007년~ · 미국

유치원 때의 일이야. 남자 여자 따로 줄을 서 보라는 선생님 말씀에 나는 여자 쪽 줄에 가서 섰어. 그런데 선생님이 내 팔을 붙잡고 줄 밖으로 끌어내더니 이렇게 말하는 거야.

"코이, 넌 남자애잖니? 이쪽으로 와."

난 집에 가자마자 분홍색 이불 속으로 파고들었어. 눈물이 폭포수처럼 쏟아져 나왔지.

난 분홍색을 좋아하면 안 되나요?

코이는 분홍빛 드레스와 반짝이는 스카프를 사랑했다. 제일 좋아하는 가수는 저스틴 비버. 그의 사진이 인쇄된 칫솔을 사용하고 있을 정도다.

2007년에 코이는 미국 콜로라도주에서 세 쌍둥이 중 둘째로 태어났다. 미국의 경우, 세쌍둥이는 신생아 출생 건수 1,000분의 1 확률이다. 여기서 특별한 점이 하나 더 있다면, 코이가 자신을 여자아이로 여긴다는 것이었다.

코이는 남자아이 몸으로 태어났지만 한 살 때부터 여자아이 옷만
입으려 했다. 어릴 적 사진을 보면 셔츠와 바지를 입었을 때는 골이 잔
뜩 나 있다. 반면 원피스를 입고 공주 머리띠를 쓴 사진에서는 행복에
겨운 미소를 띠고 있다. 또 어릴 때부터 남들 앞에서 알몸을 드러내기
를 꺼려 했다. 어머니의 기억에 따르면, 쌍둥이 자매들이 집에서 발가
벗고 뛰어다닐 때도 코이는 절대 그러는 법이 없었다.

어느 날 코이는 분홍 접시와 분홍 포크 없이는 밥을 먹지 않겠다고
선언했다. 성탄절 선물로 받은 장난감 자동차는 남동생에게 주었다.
어머니가 코이에게 묻지도 않고 머리카락을 짧게 다듬었을 때는 거울
을 보며 절망스레 울부짖었다.

코이는 아버지와 어머니에게 이렇게 물었다.

"왜 자꾸 절 남자애처럼 보이게 해요?"

코이의 아버지는 직업 군인으로 해병이었다. 아직까지 남자가 압도
적으로 많은 이 직업군에서는 '남자다움'을 가장 명예로운 덕목으로

여겼다. 드높은 기상, 강인한 정신, 용맹한 진투력 등…….

그런 아버지 눈에도 코이가 그리 특별히 이상해 보이지는 않았다. 아이는 어른과 다르지 않은가? 막연히 아이만의 세계가 따로 있을 거라고 여겼다.

코이의 아버지와 어머니는 그저 코이가 건강하고 행복하기를 바랐다. 그래서 코이의 바람대로 분홍색 원피스를 입게 놔두었다. 공주 인형을 가지고 놀아도, 분홍색 소품들로 방을 꾸며도 억지로 막지는 않았다.

그러나 집 밖을 나서면 한 번씩 문제가 터져 버렸다. 코이는 치마를 입고 유치원에 갔다가 "너는 여자애가 아니지 않냐?"는 친구의 말에 충격을 받았다. 이웃들 중에도 코이를 별종으로 여기는 사람이 종종 있었다. 코이는 점점 더 밖에 나가기를 두려워하게 되었다.

어느 날 밤, 어머니와 그림책을 읽던 코이가 훌쩍거렸다. 그러다 불쑥 이렇게 물었다. 자신이 진짜 여자아이가 되기 위해서는 수술을 받아야 하는 거냐고……, 언제쯤 그 수술을 받을 수 있는 거냐고……. 순간, 어머니는 앞으로 코이가 기나긴 싸움에 직면할 것임을 느꼈다.

출생 시 사회적으로 지정되는 성별과 살면서 느끼는 성별 정체성이 서로 다른 사람을 트랜스젠더라고 한다. 우리는 흔히 외과 수술을 한 뒤 성별을 재지정 받은 경우를 트랜스젠더라고 말하지만 원래의 뜻은 그렇지가 않다.

'혹시 코이의 성별 정체성이 여성이 아니라 그냥 여자아이의 옷과 물품을 선호하는 건 아닐까?'

코이네 가족은 코이의 성별을 이해하기 위해 아동 심리 상담가를 찾아갔다. 코이는 유치원 선생님이 자신을 향해 '남자애'니까 남자 줄에 서라고 할 때 너무너무 화가 나고 슬펐다고 말했다. 심리 상담가는 코이의 성별 정체성이 여성이라고 판단했다.

그 전까지 코이의 어머니와 아버지는 트랜스젠더에 대해 거의 아는 것이 없었다. 하지만 코이를 봤을 때 그건 단순히 성별이 무엇인가의 문제가 아니었다. '나는 누구인가? 어떤 삶을 꿈꾸는가?' 하는 정체성의 문제였다. 한 사람이 느끼고 꿈꾸는 '자신의 모습'은 부모나 사회가 함부로 결정할 수 없는 일이 아닐까?

코이의 어머니와 아버지는 결심했다. 모든 사람이 있는 그대로의 존재를 존중받을 수 있다면 행복하겠지만……, 만약 그럴 수 없다면 코이를 위해 지난한 싸움에 함께 뛰어들겠다고.

제3의 성을 위한 화장실 투쟁

코이는 초등학교에 입학한 뒤 얼마간 보통의 아이와 다를 바 없이 자유롭게 생활하며 행복해했다. 학교 측으로부터 원하는 옷을 입을 수 있을뿐더러 여학생 화장실을 써도 괜찮다는 허락을 받았기 때문이다.

그러던 어느 날, 학교에서 갑자기 입장을 바꾸었다. 코이가 남자 화장실을 쓰는 게 싫다면 교직원 화장실이나 보건실 화장실을 써야 한다는 것이었다. 교직원 화장실과 보건실 화장실은 교실에서 너무 멀어서, 쉬는 시간에 갔다 오기에는 시간이 턱없이 부족했다.

결국 코이의 어머니는 학교를 찾아가 항의했다. 그러자 교장 선생님은 이렇게 답했다.

"코이가 나이를 먹으면 신체적으로 발달하겠지요. 물론 성기도 그럴 거고요. 학생과 학부모들이 불편하게 여길 수 있습니다. 부디 그 점을 양해해 주셨으면 합니다."

얼핏 보면 별문제가 없어 보이는 말일지도 모른다. 그러나 코이 입장에서는 잠재적 범죄자로 낙인찍히는 말이었다. 코이는 스스로 주장하는 것도 그렇고, 아동 심리 전문가의 소견도 그렇듯이 자신을 여성

으로 인식하고 있었다. 더구나 제정신인 사람이라면 누가 남 앞에서
자기 생식기를 드러내고 있을까?

코이는 화장실 사용이 어려워지자 학교를 그만두었다. 어머니와 아
버지는 법정 싸움을 준비하기 시작했다.

> "학교는 차이가 자연스럽게 존재한다는 걸 가르치는 장소여야 하잖아요.
> 차이점을 끌어안고서 누구든 존중해야 한다고 말이지요. 하지만 학교는
> 코이가 다른 존재라고 선을 그어 버렸어요. 그건 다른 문제에서도 코이가
> 남과 다른 대우를 받게 되리라는 걸 뜻하지요."

코이의 어머니와 아버지는 트랜스젠더의 권리를 위해 싸우는 시민
단체와도 이야기를 나누어 보았다. 알고 보니 트랜스젠더 가운데 화
장실 이용에 어려움을 겪는 이들이 무척 많았다.

자기 자신으로, 나다운 모습으로 살아가기

학교와 법정 소송을 시작한 뒤, 세계 각지의 언론이 코이에 대해 보
도하기 시작했다. 하지만 코이는 자신에게 쏠리는 과도한 관심이 마
냥 반갑지만은 않았다. 때로는 인터뷰가 하기 싫어서 장난감을 만지
작거리며 딴청을 피우기도 했다. 코이의 바람은 그저 단순했다. 여자
아이로 인정받을 수만 있다면 다시 학교로 돌아가고 싶었다.

어떤 사람들은 코이의 어머니와 아버지가 코이를 잘못된 길로 이
끌고 있다며 비난을 퍼부었다. 그럴 때면 어머니는 참을성 있게 설명

했다.

> "우리는 모두 몸이 달라요. 남성 생식기가 있는 여성도 있고 여성 생식기가 있는 남성도 있어요."

마침내 법원에서 판결을 내렸다. 코이네 가족이 승소했다.

> 학교 규정에 따르면 코이는 부적합한 존재로서 스스로가 원하는 삶을 살 수 없다. 이는 흑인과 백인이 같은 화장실을 쓸 수 없었던 과거의 미국 인종 분리법과 다를 바 없다.

이 판결은 미국의 트랜스젠더들에게 크나큰 희망을 주었다. 대통령은 전국의 트랜스젠더 청소년들에게 자기 정체성에 맞는 화장실을 쓸 법적 권리가 있다고 선포했다. (차기 대통령이 집권한 뒤, 상당수의 주에서 이 입장을 번복했다.)

마침내 코이의 삶은 정상 궤도로 돌아갔다. 새 학교에 입학해 여학생 화장실을 사용하게 되었으며, 생물학적 성별로 판가름하지 않는 친구들도 많이 사귀었다. 무엇보다 남의 시선이나 세상의 편견에 구애받지 않고 자기 자신으로 살아갈 수 있게 되었다.

법원 판결 후, 코이네 가족은 세간의 관심에서 벗어나 조용히 지내기로 했다. 코이는 자기의 정체성에 대해 더는 설명하고 싶지 않다고 말했다. 대신에 자기만의 미래를 그리고, 자기만의 선택을 통해 오롯이 코이 자신으로 살아갈 것이다.

첨예한 논쟁의 장이 된 공중화장실

혹시 뉴스나 칼럼에서 '오줌권'이라는 말을 접해 보았는지⋯⋯. 필수 생명 활동인 배설의 권리를 뜻하는 이 말은 화장실이 누구에게나 더없이 중요한 공간임을 드러낸다. 어떤 장소에 화장실이 없다는 건 그 장소를 기피할 충분한 이유가 되기 때문이다.

그런데 언젠가부터 공중화장실이 편치 않은 장소가 되어 버렸다. 그렇게 된 데에는 꽤 많은 이유가 있다.

우선 관리가 잘 안 되어서 지저분한 경우가 많다! 큰일을 볼 때 타인과 동선이 겹치는 데서 오는 부담감도 상당하다. 또 여성의 경우에는 불법 촬영 카메라가 설치되어 있을지 모른다는 염려가 크다.

여기서 한발 더 나아가, 기존의 화장실을 사용하려면 신체적·정신적 압박감을 겪어야 하는 사람들이 있다. 휠체어 사용자들은 좁은 공간 때문에 화장실 사용 자체에 제약이 따른다. 또 자신의 성별 정체성과 다른 공간에 들어가야 하는 상황에 두려움을 느끼는 이들도 있다.

2000년대로 들어서면서, 이런 문제점을 두루 해결한 공중화장실을 만들려는 노력이 전 세계적으로 벌어지고 있다. 바로 남자, 여자, 휠체어 사용자, 보호자를 동반한 어린이, 인공 항문·방광 착용자, 성소수자 등 누구나 사용할 수 있는 화장실을 설계한다는 게 핵심이다.

잠깐, 그렇다면 남자 여자 구분이 따로 없는 화장실을 만들자는 건가? 그렇다. 일부에서는 남녀 공용 화장실이 범죄에 취약하다는 이유로 반대를 하고 있어서, 남녀 공용화가 화장실 내의 범죄율에 얼마나 영향을 미치는지 통계를 내는 조사가 계속되고 있다.

일단 대안으로 거론되는 화장실은 그저 막연히 떠올리는, 즉 어둡고

음습해서 기피 대상이 되는 공중화장실과는 많이 다르다. 쾌적한 독립 공간을 만들어 프라이버시를 보장하는 게 1차 목적이다. 칸막이로 대충 칸을 나누고 변기만 들여놓은 지금의 화장실과는 달리, 각각의 널찍한 방에 변기와 세면대를 함께 갖추어 두는 '일인용 화장실'이 기본 설계다.

누구나 스스럼없이 이용할 수 있는, 매우 이상적인 인권 화장실을 만들어 보고자 하는 것이다. 과연 그 모습은 어떨까? 화장실의 더 나은 미래를 생각해 보는 것 역시 우리 모두의 숙제라 하겠다.

리엄 해넌

2007년~ · 미국

"먼발치에서 노숙인들을 볼 때면 무척 우울하게 느껴졌어요. 하지만 막상 가까이 다가가 보면 달랐지요. 대화를 나눌 때 그분들의 얼굴엔 불을 켠 듯 생기가 돌아요. 마음이 열리는 걸 느끼게 되어요."

▪ 미국 방송국 CBS 인터뷰

노숙인은 왜 집에 살지 않을까?

"여름 캠프에 가고 싶지 않니?"

아버지의 다정한 물음에 리엄은 딱 잘라 말했다.

"아니요."

집을 떠나 낯선 아이들과 한 방을 쓰며 다른 침대에서 자다니! 리엄은 상상도 하기 싫었다. 하지만 아버지가 뭘 걱정하는지는 알 것 같았다. 방학 내내 낮 동안 집에 혼자 남아 있을 열 살짜리 아들이 걱정되는 거겠지.

리엄은 문득 '브레인 체이스'가 떠올랐다. (브레인 체이스는 이러닝 프로그램으로 어린이 사용자가 보물찾기 및 방 탈출 게임을 하면서 독서, 수학, 글쓰기 등 여러 가지 학습 과제를 수행하게 만든 교육용 앱이다.) '브레인 체이스' 홈페이지로 들어가 도전 주제를 세 가지 골랐다. 글쓰기, 수학, 그리고 봉사.

음, '봉사'라고? 리엄은 어릴 때부터 아버지가 남을 도우는 모습을 보고 자랐다. 아버지는 건축 기술자인데, 생업과는 상관없는 머나먼 지역의 송유관 건설 반대 시위에 참여한 적도 있었다. 토지 개발로 갑자기 살 곳을 빼앗기게 된 선주민들의 주거권을 지키기 위해 함께 목소리를 높인 것이었다. 끝내 송유관은 건설되고 말았지만, 아버지는 시위에 참여한 것을 후회하지 않는다고 했다.

그 외에도 아버지는 종종 아무 대가 없이 나이 지긋한 이웃 어른들의 집안일을 돌보아 주었다. 리엄은 이웃집 할머니가 고맙다며 건넨 보수를 거절하는 아버지한테 왜 그러는지 물었다. 아버지는 이렇게 답했다.

"나이 아흔 살에 혼자 사시는데, 주변에 도와줄 사람이 아무도 없더라. 나한테 80달러는 소소한 금액이지만, 그분에게는 무적 소중하겠지."

리엄은 아버지의 마음을 알 듯했다. 누군가에게 도움을 줄 때의 행복감 같은 것……

한번은 낚시를 갔는데, 아버지가 작은 물고기들을 미끼로 쓰려는지 산 채로 낚싯바늘에 꿰었다. 리엄은 재빨리 양동이를 끌어안고서 물고기들에게 속삭였다.

"겁먹지 마. 내가 아빠랑 잘 이야기해 볼게."

결국 리엄은 아버지를 설득해 냈다. 낚싯바늘에 꿰인 물고기와 양동이에 든 친구들까지 모두 풀어 주기로.

그러면 이번 방학에는 어떤 봉사를 하면 좋을까? 문득 아파트 맞은편에 있는 커다란 공원이 생각났다. 거기에는 노숙인 수백 명이 머물곤 했다. 리엄은 공원 둘레에 우뚝 솟은 아파트 단지들을 가리키며 아버지에게 이렇게 물은 적이 있었다.

"저렇게 집이 많은데 노숙인들은 왜 자기 집에 살지 않아요?"

아버지는 그 사람들에게 각기 다른 사정이 있을 거라고 했다. 약물 중독이나 정신 질환으로 가족을 떠나 혼자 살게 된 사람도 있고, 직장을 구하지 못해 집세 낼 돈이 없어서 노숙하는 사람도 있을 거라고.

리엄이 사는 케임브리지에는 하버드 대학교처럼 미국에서 으뜸가는 대학교가 여럿 있었다. 그래서 집세가 무척 비쌌다. 몇 해 전에 리엄네는 한 부모 가정이 되는 바람에 형편이 썩 좋지 않았다. 결국 저소득층 가정을 위한 복지 프로그램의 혜택으로 그리 높지 않은 월세를 내고 아파트를 계약했다.

리엄의 눈길이 노숙인에게 머문 것은 아마도 그런 집안 형편을 어려서부터 알고 있었기 때문인지도 모르겠다. 소중한 혜택을 누려 본 만큼 다른 사람에게도 그런 혜택이 골고루 돌아가야 한다고 생각했으리라. 마침 공공 도서관에서 '더 나은 세상을 만드는 독서'라는 프로그램을 운영했다. 그 수업을 통해 세상을 바꾼 십 대들의 이야기를 접하기도 했다. 리엄 역시 누군가에게 도움이 되고 싶었다. 그럴 수 있다면 가장 가까이 있는 이웃부터 돌보는 게 좋지 않을까?

"아빠, 봉사 활동으로 노숙인 점심 식사를 배달하고 싶어요."

리엄이 아버지에게 말했다. 아버지는 꿈꾸는 듯한 표정을 지었다.

"대형 푸드 트럭이 필요한 일이로구나! 그것참, 멋지다! 그런데 비용이 만만치 않게 들겠는걸?"

맙소사, 설마 아버지는 리엄이 케임브리지 노숙인들을 모두 찾아다니려는 줄로 알아들은 걸까……?

"왜요? 저기 공원에도 도움이 필요한 사람들이 많아 보이는데요."

그제야 아버지는 허황된 공상을 멈추었다. 리엄의 말은 일리가 있었다. 감당하기 어려울 만큼 대단한 일을 좇느라 발을 동동거릴 필요는 없었다. 일단 작은 걸음부터 시작해 보는 것만으로도 충분했다.

노벨 평화상을 수상한 테레사 수녀는 이런 말을 했다. "백 명을 먹이려 애쓰지 말고 단 한 명에게 제대로 먹을 것을 주세요."라고.

노숙인들에게 샌드위치만큼 반가운 건 '작은 친절'

다음 날 리엄은 점심 도시락 스무 개를 준비했다. 빵 한쪽에는 땅콩버터, 다른 쪽에는 딸기잼을 바른 PB&J 샌드위치에 음료수를 곁들였다. 만들기도 쉽고 맛도 좋아서 선택한 메뉴였다. 도시락은 종이봉투에 담았다. "좋은 하루 보내세요." 또는 "멋진 일이 있기를!" 같은 짤막한 인사말과 함께 그림을 그려 넣은 봉투였다. 이윽고 초록색 정원용 수레에 도시락을 싣고 아버지와 함께 공원으로 출발했다.

샌드위치는 보나 마나 맛있을 테고, 도시락 봉투는 첫눈에도 사랑스러웠다. 그렇다고 해도 막상 길을 나서자 리엄의 마음이 초조해지기 시작했다.

'그분들이 누군가 자신에게 다가오는 걸 꺼리면 어쩌지?'

물론 이건 다 쓸데없는 걱정이었다. 노숙인들은 낯선 아이가 자신들에게 보낸 뜻밖의 관심과 맛있는 샌드위치에 더없이 행복해했다. 그리고 대부분은 계속 대화를 나누고 싶어 할 만큼 수다스러웠다.

그래서 '브레인 체이스'의 봉사 과제가 끝난 뒤에도, 리엄은 도시락 배달을 그만둘 수가 없었다. 아니, 그만두고 싶지 않았다. 그다음 주에는 도시락 쉰 개, 또 그다음 주에는 예순 개를 준비해 갔다. 프로젝트 이름도 지었다. 바로 '리엄이 준비한 사랑의 점심 식사'!

일요일마다 리엄네 부엌은 샌드위치와 봉투를 만드는 아이들로 북적댔다. 도시락 프로젝트에 리엄의 친구들도 참여하기 시작한 것이다.

한 친구는 자신이 좋아하는 공룡을 봉투에다 그리며 이런 글귀를
적었다.

"티라노사우루스를 그려 드릴게요. 저는 당신을 좋아하니까요."

이렇게 쓰는 친구도 있었다.

"사랑해요."

손수 제작한 그림 봉투는 노숙인들에게 샌드위치만큼 큰 인기를 끌
었다. 봉투를 받을 때마다 모아서 스크랩을 하는 사람도 있었다.

더 나은 세상을 꿈꾸는 온라인 모금 개시!

리엄과 친구들은 공원에 나가 노숙인들에게 직접 도시락 봉투를 건
네며 인사를 나누었다. 때로는 다음 주 샌드위치에 치즈나 사과를 넣
어 달라는 주문을 받기도 했다. 가끔은 길고양이 사료를 구해 달라는
부탁도 있었다.

리엄은 도시락 봉투에 맛있는 디저트를 추가했다. 샌드위치보다 따
뜻한 메뉴도 만들고 싶었다. 치즈 소스 마카로니, 수프, 파스타 요리도
시도해 보았다. 그러다 보니 한 끼를 준비하는 데 200달러나 들어서
재료비가 부담스러워졌다. 수레도 너무 낡았다. 아무래도 후원금이 있
어야 할 듯했다.

그즈음 리엄의 봉사 활동은 여러 번 지역 언론에 소개되면서 큰 주목을 받고 있었다. 어쩌면 기부를 자처하는 사람이 많을지도 몰랐다. 리엄과 아버지는 용기를 내어 온라인 모금에 도전해 보기로 했다.

아니나 다를까, 모금을 시작한 지 하루 만에 17,000달러나 모였다! 아버지가 모금 홈페이지에서 모인 돈의 총액을 보여 주었을 때 리엄은 하도 기뻐서 이렇게 소리쳤다.

"정말요?"

"정말이야!"

아버지 역시 기쁨에 차서 외쳤다. 이 정도의 모금액은 천 명이 먹을 도시락을 만들 수 있었다. 새 수레도 마련할 수 있을 듯했다.

리엄의 이야기는 이제 미국 전역에서 화제를 끌고 주목받았다. CNN 방송의 특별 자선 쇼에서는 세상을 빛낸 어린 영웅 중 한 명으로 리엄을 뽑았다. 케임브리지 시장이 리엄에게 감사장을 전했다.

"부정적인 전망이 넘쳐나는 시대에 열두 살 소년은 우리가 향해 살 길을 인도해 주고 있습니다. 리엄은 이 도시, 이 나라, 이 세계의 미래에 대해 희망을 품게 해 줍니다."

■ 케임브리지 시장 마크 맥거번

새 수레는 푸른색으로 마련했다. 예전보다 훨씬 컸으며, 태양 전지로 움직였다. 안에는 담요와 양말, 월경대 등 노숙인들에게 필요한 생필품까지 실었다. 맨 뒤에는 커피와 차를 담는 보온 용기를 실었다.

한번은 일요일에 시장이 공원으로 와서 수레를 구경했다. 시장과 리엄, 공원의 노숙인들은 나란히 앉아 삶에 관해 이야기했다. 그 자리에서는 누가 시장이고 누가 노숙인인지, 누가 아이이고 누가 어른인지 중요치 않았다. 한자리에 머문 이들 모두 똑같은 사람이었다. 점심 한 끼, 차 한잔을 함께하며 이야기를 나누는 것만큼 서로를 더 잘 이해하는 방법은 없으리라.

"저는 누구에게나 나쁜 일은 일어날 수 있고, 그렇게 삶이 벼랑 끝에 내몰릴 수도 있다는 걸 배웠어요. 그리고 그런 사람들을 도울 수 있다는 것도 알게 되었지요. 노숙인에 대한 생각이 많이 바뀌었어요."

점심 한 끼의 진정한 의미

리엄의 도시락 프로젝트는 결국 방학 숙제를 넘어 삶의 임무가 되었다. 처음에는 샌드위치를 만들어 배달하는 일이 전부였지만, 이제는 자원 활동가를 모집하는 일, 더 많은 사람들의 참여를 이끄는 일도 하고 있다. 도시락 프로젝트의 이름을 내건 자선 단체를 운영하게 되었기 때문이다. 남들 앞에 서는 일은 늘 떨리지만 후원금 모금을 위해 수많은 무대에 서서 연설도 하게 되었다.

삼 년 만에 리엄의 자선 단체는 50,000달러 이상의 후원금을 받았고, 노숙인에게 수천 끼니를 제공했다. 급기야 리엄의 머릿속에는 백만 명에게 점심을 선물하는 프로젝트가 떠올랐다. 꼭 노숙인이 아니라 해도 한 끼 먹을 것이 필요한 사람이라면 누구에게나 도움을 주고 싶었다. 또 레고 장난감을 살 형편이 못 되는 어린이들에게 전하기 위해 중고 레고도 수거했다.

다음 목표는 훨씬 더 큰 수레였다. 맨 처음 도시락 배달에 대해 궁리하던 날 저녁, 아버지가 상상했던 푸드 트럭 말이다. 푸드 트럭이 있으면 굶주린 사람들에게는 무료로 식사를 대접하고, 원하는 사람에게는 판매도 할 수 있을 것이다. 판매 이윤은 다시 노숙인들을 위한 점심을 마련하는 데 사용하면 될 터였다.

리엄은 누구나 다양한 방식으로 영웅이 될 수 있다고 믿는다. 좋은 시작은 대접받고 싶은 만큼 남을 대접하는 것이다.

"우리가 서로에게 친절할 수 있다면 빈곤, 인종, 성별, 성적 지향이나 종교 같은 것에 얽매이지 않을 수 있어요. 공감하는 것만이 세상에서 혐오를 끝내는 가장 좋은 방법이에요."

기후를 지키는 환경 전사

그레타 툰베리

2003년~ · 스웨덴

마음이 편해지면 좋겠다. 저녁에 혼자 집에 갈 때. 지하철에 앉아 있을 때. 밤에 잠을 잘 때. 그러나 마음이 계속 불편하다. 인류가 역사상 가장 큰 위기에 빠진 걸 알고서 어떻게 마음이 편할 수 있을까? 당장 뭔가 행동하지 않으면 머잖아 늦었다는 걸 깨닫게 되겠지.

▪ 스웨덴 일간지 〈스벤스카 다그블라뎃〉, 2018년 5월 30일자 기고문에서

기후를 위한 결석 시위

변화는 단 한 사람의 결심으로도 시작될 수 있다. 한 소녀의 머릿속에서 시작된 발상이 전 세계 청소년들이 동참하는 저항 운동으로 번져 나가기도 하니까.

2018년 8월 20일 월요일, 그레타 툰베리는 결석 시위를 시작했다. 학교에 나가는 대신 국회의사당 앞으로 가서 자리를 잡고 앉았다. 행인들은 머리를 길게 땋아 내린 소녀가 분홍색 외투를 걸친 채 쪼그려

앉아 팻말을 들고 있는 모습을 물끄러미 보았다. 팻말에는 손 글씨로 이렇게 적혀 있었다.

'기후를 위한 결석 시위.'

국회의원 및 전국 동시 지방 선거까지 아직 삼 주가 남아 있었다. 그 것이 그레타가 9월 9일 선거일까지 시위를 하겠다고 결심한 이유였 다. 그레타는 손 팻말 사진과 함께 이런 트윗을 날렸다.

> "애들은 대체로 어른들이 시키는 대로 하지를 않지요. 그건 여러분이 제 미래를 무시하기 때문이에요."

만일 지금 행동하지 않는다면

그레타는 아주 어릴 때부터 특별한 능력을 지니고 있었다. 세계의 모든 수도 이름과 주기율표를 알파벳순으로, 또 거꾸로도 줄줄 외웠 다. 사실은 아스퍼거 증후군 환자였다. 아스퍼거 증후군을 지닌 사람 들은 자신이 흥미를 느끼는 분야에 대해서는 엄청난 몰입도를 자랑하 지만, 다른 사람과 관계 맺기는 무척 힘들어한다.

그레타는 여덟 살 때 지구 환경과 기후 위기에 대해 처음 알게 되었 다. 수업 시간에 다큐멘터리를 보았는데, 이산화 탄소 배출로 지구 온 난화가 심각해져 빙하가 무서운 속도로 녹고 있다고 했다. 기후 변화 는 식량 재배에도 영향을 미쳐서 어떤 땅은 이에 농사를 짓는 것이 불 가능해졌다나. 머지않아 수백만 명의 사람들이 삶의 터전을 잃고 기 후 난민이 되어 다른 나라로 피난을 떠나야 할 거라고도 했다.

화면 속에 등장하는 과학자들은 한결같이 '만일 지금 인류가 행동하지 않는다면 기후 재앙이 닥칠 것'이라고 경고했다.

그로부터 몇 년이 지났지만 좋아지는 것은 없었다. 오히려 더 나빠졌다. 심지어 기후 위기에 대해 이야기하는 사람도 드물었다. 아이들은 새 휴대폰을 자랑하느라 정신이 없었고, 선생님은 미국에서 있을 결혼식에 비행기를 타고 가겠다고 했다. 학교 식당에서는 공장형 농장에서 사육된 동물들을 도축한 고기 요리가 나왔다. 지구 환경과 기후 위기를 그 누구도 심각하게 여기지 않았다.

그레타는 이런 상황이 너무도 비논리적이라고 생각했다. 더 이상 밝은 미래를 꿈꿀 수 없을 듯했다. 앞에 펼쳐질 세상이 너무나 캄캄하게 느껴져서 산다는 것이 몹시 절망적으로 다가왔다. 5학년이 되었을 무렵에는 마음이 병들어 가고 있었다. 매일같이 울기만 했다. 그레타를 위로하는 것은 반려견 모세스뿐이었다.

그것 말고도 또 하나의 문제가 있었다. 학교에서 따돌림을 당하고 있었던 것이다. 그러나 그레타를 둘러싼 학교 폭력 문제에 대해 학교 측의 답변은 이상했다. 그레타의 목소리가 너무 작은 데다 인사성이 바르지 못한 게 문제라나? 그레타네 가족은 학교의 편향적인 태도에 단단히 화가 났다. 물론 그레타가 평범해 보이지 않을 수는 있었다. 그렇다고 해도 누군가와 '다르다'는 이유만으로 못되게 굴 권리는 아무한테도 없었다.

난민 인권을 말하면서 기후 위기는 모른 척하겠다고요?

그레타는 한동안 가족과만 대화를 나누었다. 다른 사람들 앞에서는 입을 열지 않았다. 식사도 거부했다. 두 달 만에 몸무게가 10킬로그램 가까이 빠졌다. 병원에 입원할 지경이 되어서야 굶기를 멈추었다. 의사의 처방에 따라 쌀, 아보카도, 뇨키 같은 몇 가지 음식을 먹기 시작했다.

마침내 다시 입을 열었을 때, 그레타의 주된 화제는 기후 위기였다. 그레타네 가족은 평소 인권 문제에 관심이 많았다. 2015년에 시리아에서 전쟁이 났을 때, 난민 가족을 가족 별장으로 초대해 그곳에서 지내게 해 주었다. 주말에는 그들과 함께 식사도 했다. 그레타는 시리아에서 온 난민 아이들과 친구처럼 어울렸다.

그레타는 부모님이 전쟁 난민에게는 도움을 주면서, 기후 난민 문제에 관심을 두지 않는 걸 위선이라고 생각했다. 아버지는 기후 문제를 이야기할 때마다 잔뜩 화가 나 있는 딸을 다독이느라, 그건 장기적인 관점에서 합의와 노력이 필요한 일이라고 얼버무렸다. 정치 지도자들이 자신들이 행한 일과 잘못된 판단에 대해 검토할 시간이 필요하다나. 그러나 몇 해가 지나도록 변하는 건 아무것도 없었다. 그레타의 아버지와 어머니는 딸과 제대로 소통하기 위해서 자신들의 생활 방식부터 바꾸기로 했다.

오페라 가수인 어머니는 수년 전에 계약한 해외 공연을 모조리 취소했다. 그 대신 스웨덴에서 공연하는 뮤지컬에 출연했다. 그리고 온 가족이 채식을 시작했다. 불필요한 조명은 끄고 생활했으며, 탄소 배출을 줄이기 위해 값비싼 전기 자동차도 샀다.

처음에는 딸의 뜻을 지지하기 위한 선택이었지만 언젠가부터 가족 전체가 완전히 새로운 삶에 접어들었다. 기후 변화에 맞서는 싸움이 가족 모두의 관심사가 된 것이다.

정치인들의 숱한 거짓말

탄소 배출에 관해서 좀 더 이야기해 보자면, 2018년 5월 말로 돌아가야 한다. 사 년마다 돌아오는 국회의원 및 전국 동시 지방 선거를 삼 개월 앞둔 그때, 그레타는 텔레비전으로 정당 대표 토론을 보고 있었다. 그레타가 보기에는 거짓말이 가득했다.

대표들은 스웨덴이 선진국이라서 이산화 탄소 배출량을 줄일 필요가 없다고 주장했다. 단지 다른 나라들이 이산화 탄소 배출량을 줄이는 데 도움을 주면 된다고…….

하지만 그레타는 당시 스웨덴이 세계에서 여덟 번째로 생태 발자국이 큰 나라라는 사실을 알고 있었다. 생태 발자국은 한 사람, 또는 집단이 지구 자원을 얼마나 많이 쓰는지를 측정하기 위해 도입된 개념이다. 인간이 살면서 뭔가를 생산·소비·폐기할 때 생태계에 미치는 악영향을 지표면 면적으로 환산한 수치이다. 생태 발자국이 크면 클수록 자연 환경을 더욱 악화시키는 셈이다.

그레타는 당 대표들의 주장을 곰곰이 뜯어보았다. 그들은 스웨덴 사람들이 소비하는 물건이 대부분 수입 제품이라는 사실을 모른 척하고 있었다. 수입품을 만들기 위해 지구 어딘가에서는 환경이 계속 훼손되고 있었다. 그런데 그 상품을 소비하는 나라에는 아무 책임이 없다고 할 수 있을까?

어쨌거나 그때 당 대표들이 내미는 통계 수치는 스웨덴이 실제로 배출한 이산화 탄소 양에 훨씬 못 미쳤다. 말하자면 오리발 내밀기 작전?! 그레타는 몹시 화가 났다. 거짓말로 사실을 왜곡하느니, 차라리 대놓고 기후 문제에 무관심한 편이 나을지도 모른다는 생각이 들었다.

'사람들은 왜 변화를 위해 노력하지는 않으면서 환경에 관한 얘기가 나오면 매번 심각하게 생각하는 척하지?'

그레타는 그때의 이글이글 타오르던 마음을 글로 적어 내려갔다. 이 글은 스웨덴 일간지 〈스벤스카 다그블라뎃〉 청소년 글쓰기 대회에서 수상해 사람들의 이목을 끌었다.

만일 내 수명이 백 살이라면, 나는 2103년까지 살 것이다. 하지만 사람들은 '미래'를 이야기할 때, 2050년 이후는 전혀 생각하지 않는 것 같다. 그때는 기껏해야 내 삶의 실반도 실지 못했을 때이다. 그다음에는 무슨 일이 펼쳐질까?

미래를 위한 금요일

그레타는 더 이상 침묵할 수 없었다. 그래서 시작한 것이 결석 시위였다. 시위 첫날부터 정치인과 기자, 영화 제작자가 몰려와 그레타에게 엄청난 관심을 보였다. 결석 시위가 화제가 되자 스웨덴 각지에서 청소년들이 한목소리를 내기 시작했다. 투표권을 지니지 못한 청소년들이 어른들에게 유권자로서 책임을 갖기를, 기후 위기를 시급한 정치적 현안으로 다루어 주길 요구했다.

시위는 장기전으로 들어갔다. 금요일마다 열리는 결석 시위는 이제 '미래를 위한 금요일'이라는 어엿한 이름을 갖게 되었다. 청소년 시위대는 스웨덴 정부가 파리 협정(파리 기후 협약이라고도 한다.)에 따르도록 압박을 가했다. 파리 협정의 목표는 지구의 평균 온도가 2℃ 이상 오르지 않게, 더 나아가 1.5℃ 이하로 유지되게끔 전 세계가 협력해 온실가스 배출량을 줄이자는 것이다. 스웨덴 정부의 목표치가 파리 협정에 발맞출 때까지 청소년 시위대는 저항을 멈추지 않을 셈이었다.

이 시위는 스웨덴 밖으로까지 물결처럼 번져 나갔다. 이제 세계 곳곳에서 금요일마다 청소년 시위가 벌어졌다. 2019년 3월에는 135개 나라의 2,300곳이 넘는 장소에서 이백만 명이 넘는 사람들이 시위를 했다.

그레타는 스톡홀름 시위 현장에서 다음과 같이 연설했다.

> "우리는 인류 역사상 가장 큰 위기에 직면해 있어요. 그런데도 이 위기에 대해 잘 알고 있던 사람들은 수십 년 동안 무시를 해 왔지요. 우리는 미래를 원하기 때문에 결석 시위를 하는 거예요."

만약 우리 집에 불이 난다면?

권력의 중심에 선 어른들의 태도가 서서히 변해 갔다. 청소년 시위 대의 목소리에 귀를 기울이기 시작한 것이다. 그레타는 핀란드, 영국, 폴란드에서 열린 기후 회의에 초대되었으며, 각국의 지도자들을 만나 이야기를 나누었다. 어디를 가든 그레타 부녀는 기차나 전기차를 타기를 고집했다. 탄소 발자국을 줄이기 위해서였다.

스위스의 도시 다보스에서는 해마다 세계의 유력 지도자들이 모여 국제 사회의 현안을 연구하는 세계 경제 포럼(다보스 회의)이 열렸다. 스웨덴에서 거기까지 기차로 가는 데는 서른 시간이나 걸렸다. 회의 참석자들은 대부분 전세기나 자가용 비행기를 탔다.

그레타는 이런 현실에 대해서도 서슴없이 비판했다. 기후 문제를 논의하는 회의에 자가용 비행기를 타고 오는 일은 위선이자 모순이라고.

> "어떤 사람들, 어떤 기업들, 어떤 결정권자들은 상상도 못 할 엄청난 돈을 벌기 위해 자신들이 얼마나 귀중한 가치를 희생시켰는지 잘 알고 있을 거예요. 여러분 중 대다수가 그런 사람들인 것 같네요!"

2019년 4월, 그레타는 프랑스 스트라스부르에 있는 유럽 연합[EU]의 입법 기구인 유럽 의회를 방문했다. 회의장 안팎으로 엄청난 인파가 보여들었다. 그레타기 입장하자 장내가 순식간에 조용해졌다. 그레타가 입을 열었다.

"저는 여기 계신 여러분이 집에 불이라도 난 것처럼 행동했으면 좋겠어요. 많은 정치인들이 저한테 그렇게 말씀하시는데요, 공포감은 결코 좋은 결과를 낳지 않는다고요. 저도 그건 동의해요. 하지만 만일 집에 불이 났다면요? 집을 잃고 싶지 않으면 어느 정도의 공포감은 필요해요. [……] 제발 지금이라도 정신을 차려서 반드시 필요한 변화를 만들어 주세요. 더이상 최선을 다하는 것만으로는 충분하지 않습니다. 우리는 모두 불가능해 보이는 일을 해야 합니다."

강력한 호소가 담긴 십 분간의 연설이 끝난 뒤 기립 박수가 쏟아졌다. 그레타의 말들은 지구에 닥친 재난을 알리는 사이렌이 되었다.

어느새 그레타는 세계에서 가장 유명한 환경 운동가가 되어 있었다. 이번에는 국제 연합 기후 문제 정상 회의에 참석해야 했다. 이 회의는 대서양 건너 미국 뉴욕과 칠레 산티아고에서 열릴 예정이었다. 비행기를 타지 않고서 대서양을 건널 수 있을까? 다행히 한 가지 대안을 찾았다! 바로 세계 일주 경주용 보트였다.

보트에는 탄소 배출 없이 전력을 생산하는 태양광 발전 패널과 수중 터빈이 장착되어 있었다. 하지만 보트에서의 생활은 결코 안락하지 않았다. 그물 침대에서 잠을 자야 하는 데다 샤워실도 없었다. 먹을 것은 죄다 동결 건조 식품이었다.

보트 둘레로 드높은 파도가 무시로 들이쳤다. 그레타는 갑판 위에서 하염없이 바다만 바라보았다. 그 시간이 너무나도 행복했다.

보름간의 항해 끝에 뉴욕에 도착한 그레타는 깜짝 놀랐다. 남녀노소를 막론하고 수많은 사람들이 그레타를 향해 박수와 찬사를 보냈다. 오랫동안 기후 운동에 참여한 사람이 있는가 하면, 최근에 그레타를 알게 되어 기후 문제에 눈뜨게 되었다는 사람도 있었다.

뉴욕 국제 연합 본부 연단에 선 그레타의 연설은 전 세계로 방송되었다. 그레타는 화를 내려고 거기 선 게 아니었다. 그러나 각국 정상의 얼굴을 마주하자 마음속 깊은 곳에서 좌절감이 살아났다.

"이건 아주 잘못됐어요. 저는 여기 있으면 안 돼요. 대서양 건너편에 있는 학교에 있어야 한다고요. 그런데 우리 젊은 사람들에게서 희망을 얻겠다고요? 어떻게 감히? 여러분은 아무 의미 없는 말로 제 꿈과 어린 시절을 도둑질했어요.

그래도 저는 운이 좋은 편이지요. 고통받는 사람들이 있어요. 죽어 가는 사람들이 있어요. 생태계 전체가 무너지고 있어요. 대량 멸종의 시작 단계에 서서도 여러분은 돈 아니면 영원한 경제 성장에 관해서만 이야기하고 있어요. [……]

여러분은 우리를 실망시켰어요. 하지만 우리는 여러분의 배신을 깨달았지요. 미래 세대는 여러분을 주시할 거고, 만일 여러분이 실패한다면 우리는 절대 용서치 않을 거예요."

그레타의 서슬 퍼런 연설에 국제 연합 사무총장이 답했다.

"우리 세대는 기후 문제를 책임지는 데 실패했습니다."

그렇다고 누구나 그레타에게 공감을 보내는 것은 아니었다. 기성 세대를 향한 그레타의 거침없는 일갈을 불편해하는 이들도 많았다. 외골수에 괴짜인 외톨이 아이가 환경주의자들의 선전용 아이콘이 되었다고 했다. 그레타 툰베리는 세상의 주목을 끌고 싶은 아이일 뿐이라고도 했다.

그럴 때면 그레타는 침묵하는 대신 맞받아쳤다. 자신의 모든 말은 수많은 연구자들이 오랫동안 분석해 온 과학적 데이터에 근거한 것이라고. 그러니까 자신의 주장은 변하지 않는 현실에 바탕을 두고 있다는 뜻이다.

《타임》은 2019년 올해의 인물로 그레타를 꼽으며 "예리한 분노로 막연한 위험을 명확히 보여 줌으로써 설득력 있는 목소리를 내고 있다."고 평가했다. 실제로 그레타가 세상에 대고 목소리를 낸 이후, 기후 위기는 우리의 귓가에 쟁쟁하고 피부에 와 닿는 실체가 되었다.

"우리는 내일이 없는 것처럼 살 순 없어요, 내일은 분명히 있으니까요."

집으로 돌아가는 길

그레타는 에스파냐 마드리드 기후 정상 회담에 참석하기 위해 한 번 더 배를 타고 대서양을 건넜다. 그리고 마침내 스웨덴으로 돌아가는 기차를 탔다. 평범한 학생으로서의 삶이 기다리는 스웨덴으로.

열병을 앓듯 세상을 휘돌며 십 대의 중턱을 지났고, 그레타는 이제 막 고등학생이 되었다. 그리고 2020년 봄, 코로나19가 전 세계를 강타했다. 학교들은 문을 닫고 온라인에서 수업을 이어 나갔다. '미래를 위한 금요일' 시위도 거리에서 온라인으로 자리를 옮겼다. 세계적 재앙인 코로나19 앞에 차분하고 냉정해질 수 있는 사람이 얼마나 될까?

그러나 우리의 별종 그레타 툰베리는 다소 담담한 표정으로 팬데믹에 빠진 지구를 바라본다. 팬데믹 이후 인류의 삶은 어마어마한 변화를 겪었다. 어쩌면 이 전염병은 사람들이 노력만 한다면 깊게 배인 습관마저 바꿀 수 있다는 점을 증명해 보인 게 아닐까? 비행기를 덜 타고, 차를 덜 몰고, 쉽게 사고 쉽게 버리는 소비 생활까지 모두…….

공포는 지금도 계속되고 있다.

시간은 계속 흘러간다.

아직은 늦지 않았다.

바로 지금 당신들이 하고 있거나, 하지 않는 어떤 일이 나와 내 아이, 손주들의 삶에 영향을 미칠 것이다. 아마도 그 아이들은 왜 당신들이 아무것도 하지 않았는지, 그리고 무언가 알고 있어서 말할 수 있었던 사람들이 왜 그렇게 하지 않았는지 물을 것이다.

■ 〈스벤스카 다그블라뎃〉에서

시대를 저격하라

첫판 1쇄 펴낸날 2022년 8월 26일
　　3쇄 펴낸날 2023년 7월 17일

지은이 옌니 스트룀스테트
그린이 베아타 부크트　옮긴이 이유진
발행인 김혜경　편집인 김수진
주니어 본부장 박창희
편집 강정윤 조승현
디자인 전유정 김혜은　디자인 디렉팅 책은우주다
마케팅 최창호 임선주
경영지원국 안정숙　　회계 임옥희 양여진 김주연

펴낸곳 (주)도서출판 푸른숲
출판등록 2003년 12월 17일 제2003 - 000032호
주소 경기도 파주시 심학산로 10, 우편번호 10881
전화 031) 955-9010　팩스 031) 955-9009
인스타그램 @psoopjr　이메일 psoopjr@prunsoop.co.kr
홈페이지 www.prunsoop.co.kr

ⓒ 푸른숲주니어, 2022
ISBN 979-11-5675-334-6 44990
　　978-89-7184-390-1 (세트)

• 잘못된 책은 구입하신 서점에서 바꾸어 드립니다.
• 본서의 반품 기한은 2028년 7월 31일까지입니다.